JN290576

メディア専門職養成シリーズ
4

読書と豊かな人間性

山本　順一
二村　　健
　［監修］

黒古　一夫
山本　順一
　［編著］

学文社

執筆者

黒古	一夫	筑波大学	[第1,10章]
山本	順一	筑波大学	[第2章]
若松	昭子	聖学院大学	[第3章]
望月	道浩	琉球大学	[第4章]
野口	武悟	専修大学	[第5章]
黒澤	浩	聖学院大学	[第6章]
稲井	達也	東京都立小石川中等教育学校	[第7章]
篠原	由美子	松本大学 松商短期大学部	[第8章]
岡野	裕行	リュブリャーナ大学（スロベニア）	[第9章]

(執筆順)

まえがき

　カメラ機能はもとより，音楽やゲームの配信，電車や航空機のチケット購入，あるいはクレジット機能まで兼ね備えた携帯電話が象徴するように，デジタル社会（インターネットの世界）は日々「進化」し，それにともなって「情報」はかつてないほど「氾濫」の様相を呈している。ひたすら「利便性・効率」を求めてきた結果なのだろうが，そのようなデジタル社会に適応できない（適応しない）IT弱者，「情報」弱者もまた，この社会に生まれつつある。このようなデジタル産業を中核においた（ようにみえる）現在の社会について，思想家や社会学者たちは「ポスト・モダン社会」の到来というのだろうが，ポスト・モダン論者がいうように本当に「近代（モダン）」社会の基底を形成してきた「個人主義思想」（対等・平等主義，あるいは「人間主義（ヒューマニズム）」「民主主義（デモクラシー）」）は，このインターネットが威力を発揮している情報化社会のなかで無効になってしまったのか。

　かつてファミコン（ファミリーコンピュータ・ゲーム機）が子どもの「遊び」世界を席巻し始めた頃，「個」あるいは数人が個別に「ヴァーチャル＝非現実」な世界に対応するファミコンに対して，多くの教育学者や子ども文化論者が子どもの遊びが本来もっていたはずの「共同＝協同性」が失われると警告を発したことがあった。それは，根本的なところで「共同＝協同性」を基礎とするこの近代社会そのものが崩壊するのではないかという危機感を内包するものであった。現在，そのファミコンで育ってきた若い世代の在り様に大学という場で日々接していると，「共同＝協同性」を失って彼らがいかに深刻な精神的危機を抱え込んでいるか，如実に知ることができる。他者に関心を示さない（学問的には「歴史」や「社会」に興味をもたない），人の生死を他人事としてとらえる（死を現実のものとして考えない），ディスカッションができない，といったような現象は，十数年前に教育学者らが発した警告が現実のものとなっ

ていることの証といえるだろう。どのような出来事（たとえばイラクで自爆攻撃によって何百人が死ぬというような事件，あるいはアフリカでは今もなお飢餓で何万人もの子どもが死んでいくという事実，など）も，彼らにとってはすべて「対岸の火事」というわけである。

　これは，「ことば」のもつ二面性（伝達機能と表現機能）のうち，たとえばメールなどにおいて多用される「絵文字」が象徴するように，「伝達機能」だけが肥大化＝記号化し，「ことば」を発する人間の「内部」をいかに表現するかがないがしろにされている現象に，もっともよく現れている。この若者に顕著な現象は，彼らが物事に対して「マニュアル」通りには処理できても，自らの内部（精神）に起こったことを正確に伝える術を身につけていないからなのかもしれないが，このままで世の中が推移していったらと思うと，「嘆き」を超えて「恐怖」さえ覚える。このような危惧や恐怖が，アナログ世代の「憂い」でなければ幸いである。

　おそらく，このような現象は，幼児期から現在に至るまで「ことば」を本質的に学んでこなかったから起こったのである。司書教諭の資格を得るための必須科目として「読書と豊かな人間性」が設定されたのも，読書＝「ことば」を読むことの重要性があらためて認識し直された結果にほかならない。アナログ行為の基底ともいうべき「読書」の意味や意義については，その具体的場面に即して本書の各章に詳述されているが，司書教諭をめざす人たちにあらためてお願いしたいのは，本書の各章を手がかりにぜひ自分なりの「読書論」「ことば論」を形成し，それを基に児童や生徒（あるいは教師たち）に「本＝ことば」を手渡してほしい，ということである。本書は，そのような素材を十分に備えている，と私は考えている。

　2007年2月

　　　　　　　　　　　　　　　　　　　　　　　　　　　　　黒古　一夫

目　次

第1章　現代社会と読書 ─────── 7

第1節　「読書」とは ……………………………………………………… 7
　　　a．読書とは，「ことば」を読むこと　7
　　　b．人間社会と「読書＝ことばを読むこと」　9
　　　c．「知る」ことの重要性　11

第2節　読書と子ども ……………………………………………………… 13
　　　a．「想像力」は「経験」を補う　13
　　　b．「教育」と読書　16
　　　c．「学校図書館」と読書　20

第3節　現代社会と読書 …………………………………………………… 23
　　　a．デジタル・ネットワーク社会と「活字離れ」　23
　　　b．読書と「豊かな人間性」　25

第2章　読書推進行政の法制度 ─────── 31

第1節　'読書'概念と教科書 …………………………………………… 32
第2節　学校図書館法 …………………………………………………… 34
第3節　子どもの読書活動の推進に関する法律 ……………………… 36
第4節　文字・活字文化振興法 ………………………………………… 40
第5節　文化芸術振興基本法 …………………………………………… 44
第6節　児童の権利に関する条約 ……………………………………… 45
むすび ……………………………………………………………………… 46

第3章　読書教育の歴史 ─────── 49

第1節　子どもの読書状況と読書環境の変化 ………………………… 50
第2節　子ども文化と読書教育 ………………………………………… 52
　　　a．子どもと「よい本」　52
　　　b．子どもに対する読書指導の黎明期　53
　　　c．読書教育の高まりと読書指導の多様化　55
　　　d．遊びの再考と読書　56

第3節　学校教育における読書指導の変化 …………………………… 58
　　　a．学力重視のなかの読書指導　58

　　　　b. 教科枠を超えた読書指導をめざして　59
　　　　c. ゆとり教育のなかの読書指導　60
　　　　d. 新しい学力観のもとで　61
　　第4節　読書指導の発展と課題 ·· 62
　　　　a. 読書時間の確保：朝の10分間読書　62
　　　　b. 遊びと読書を結ぶ試み：読書のアニマシオン　63
　　　　c. 読書指導の今後　64

第4章　学校教育における読書の意義 ─────── 67
　　第1節　教科教育と読書 ··· 67
　　　　a. 社会科と読書　67
　　　　b. 算数・数学科と読書　69
　　　　c. 理科と読書　71
　　　　d. 外国語（英語科）と読書　73
　　　　e. 生活科と読書　74
　　　　f. 音楽科と読書　75
　　　　g. 図画工作科・美術科と読書　76
　　　　h. 技術・家庭科と読書　77
　　　　i. 保健・体育科と読書　79
　　第2節　科学教育と読書 ··· 80
　　第3節　教育カリキュラムにおける読書の位置づけ ················ 82

第5章　児童生徒の発達段階と読書 ─────── 85
　　第1節　児童生徒の読書能力と読書興味の発達段階 ·············· 85
　　　　a. 発達と発達段階　85
　　　　b. 読書能力の発達段階　86
　　　　c. 読書興味の発達段階　88
　　第2節　発達段階からみた小学生と読書 ··························· 92
　　　　a. 小学生と読書　92
　　　　b. マンガをどう見るか　93
　　第3節　発達段階からみた中学生・高校生と読書 ················ 95
　　　　a. 中学生・高校生と読書　95
　　　　b. ヤングアダルトという視点　96
　　第4節　特別な支援が必要な児童生徒と読書 ····················· 97
　　　　a. 視覚障害児と読書　98
　　　　b. 聴覚障害児と読書　99
　　　　c. 知的障害児と読書　100
　　　　d. 学習障害児と読書　101

第6章　児童生徒の読書と学校図書館，司書教諭のかかわり方 ───── 105
　第1節　学校図書館活動を生かした読書指導のあり方 ……………………… 105
　　　a．読書コミュニティづくり　105
　　　b．学校図書館を教育活動の中核に位置づける　106
　　　c．図書館活用教育としての読書行事的な活動　107
　第2節　読書指導と広報 ………………………………………………………… 109
　　　a．情報サービスの充実と読書と広報　109
　　　b．「図書館だより」（広報）と読書の指導　111
　第3節　個別指導と集団的指導 ………………………………………………… 112
　　　a．個別指導　112
　　　b．個別指導の方法　113
　　　c．集団的指導　115
　　　d．集団的指導の方法　116
　第4節　学校図書館における読書事実とプライバシー ……………………… 117
　第5節　良書と悪書 ……………………………………………………………… 119

第7章　読書イベント，児童生徒の文学的諸活動 ───────── 123
　第1節　読書活動を充実させるために ………………………………………… 123
　第2節　読書活動計画のための考え方 ………………………………………… 124
　　　a．学校の特色化の視点としての学校図書館を中心とした児童生徒の活動　124
　　　b．学習資源としての家庭・地域社会　125
　第3節　読書活動の展開 ………………………………………………………… 127
　　　a．学級活動・ホームルーム活動や学校行事に位置づけた取り組み　127
　　　b．ボランティアによる読み聞かせなどの取り組み　131
　　　c．図書委員会活動の取り組み　132
　　　d．クラブ活動・部活動に位置づけた取り組み
　　　　　──児童生徒の文学的諸活動　134

第8章　児童生徒と読書資料 ─────────────────── 137
　第1節　読書資料の種類と特性 ………………………………………………… 137
　　　a．児童書　137
　　　b．児童文学　139
　　　c．絵本　140
　　　d．科学読み物　141
　　　e．マンガ　142
　　　f．紙芝居　144

第 2 節　人と本をむすびつける技術 ……………………………………… 145
　　　　a．ストーリーテリング　146
　　　　b．読み聞かせ　147
　　　　c．ブックトーク　149
　　　　d．アニマシオン　150

第 9 章　児童生徒の読書環境 ──────────────── 155

　　第 1 節　読書環境の種類 …………………………………………………… 155
　　第 2 節　家庭読書 …………………………………………………………… 156
　　　　a．母と子の 20 分間読書　159
　　　　b．ブックスタート　162
　　第 3 節　地域との提携 ……………………………………………………… 165
　　　　a．公共図書館の利用　165
　　　　b．学校図書館と公共図書館の連携　167
　　第 4 節　読書環境に求められるもの ……………………………………… 170

第 10 章　読書と「生涯学習」 ───────────────── 175

　　第 1 節　生活・読書・「豊かな人間性」…………………………………… 175
　　第 2 節　「生涯学習」と「学校図書館」…………………………………… 178
　　第 3 節　「生涯学習」と読書情報 ………………………………………… 181

　索引　183

第1章　現代社会と読書

第1節　「読書」とは

a. 読書とは，「ことば」を読むこと

　『広辞苑』(第5版)に拠れば「読書」とは，簡単に「書物を読むこと」と記されている。『大辞林』(第3刷)では，「本を読むこと」となっている。また，『広辞苑』には，「読書百遍義 自 ら見る」(魏略)の格言が記され，その意味は「百編もくりかえして書を読めば，意義が自然にはっきりとわかる。乱読を戒め熟読の必要を説いたもの」である，とされている。つまり，これらの辞書的意味に従えば，読書とは結論として「書・本を読むこと」ということになる。
　たしかに，この「読書」に関する定義は，一般的な意味では間違っていないといっていいだろう。しかし，読書が「書＝本を読むこと」であるならば，さらに遡ってその「書・本」が何によって成り立っているかを考えなければならないのではないか。つまり，「書・本」は「ことば」によって成立し，その「ことば」は多くの場合それを使う(読み・書き・話す)人の「母国語」(日本の場合「日本語」)であり，「読書」とはまさにこの「ことば」を読むことであることの謂いにほかならないということである。たとえば，最近流行りの「読み聞かせ」に関して，発達心理学をもち出すまでもなく，多くの人が経験的に知っていることであるが，「ことば」を覚えだした幼児を対象とした場合，その「読み聞かせ」の場において，幼児は絵本や童話の「ストーリー」に関心を示すのではなく，ある場面(ページ)に現れる「ことば」に強い関心を示す，というのが一

般的である。「書・本(この場合，絵本や童話)」を読む以前に，「ことば」の語感や「ことば」の意味するものに強く牽かれる，この幼児を対象とした「読み聞かせ」が具現しているものにこそ，「読むこと」の本質は示されているといっていいのではないか。

そして，その「ことば」は人間社会にあって基本的な「伝達」手段(道具)であると同時に，それを使う人の「思想」や「感情」が表現＝表出されたものであるという性質をもつ。言語学に「革命」をもたらしたとされるチョムスキー理論(生成文法論)には，その理論の根底には「深層構造」なる概念があり，それが重要な意味をもつとされているが，『チョムスキー』(岩波書店，1983年)の著者田中克彦によれば，その「深層構造」とは以下のようなものとされる。

〈実際にあらわれる言語は，単に表面にあらわれた現象にすぎないのであって，じつは，その背後の奥底の深いところには，人間の言ったことではなく、考えたことの方により近い，なにかことばの原型のようなものがあると仮定する。実際に，我々がオトにして話し，聞いていることばは，この，ココロのと言うか，精神のと言うか，あるいは意識のと言ってもいい，そのような奥底に抱かれたある何かの考えとは，同じ形であることもあれば，そうでないこともある。したがって，ことばの形は，それ自体としては自立せず，この奥底に抱かれた考えに優先権を与え，それとつきあわせて解釈されねばならないことになる。〉(傍点原文)

同じ本のなかで，田中は「ことばは人間の誕生とともにあり，また常に人間とともにあった。人間の使用を待たずして，人間のそとで，ことばだけが独自に発展したということはない。ことばは生きているという言い方は好まれるが，それは単なるたとえであって，自分で勝手に生きたり変ったりはできないのである」，とも書いている。

この田中克彦(チョムスキー)の考え方を承認するとすれば，「書・本を読むこと」，あるいは「読書百遍義自ら見る」こととは，「書」や「本」(あるいは，「文章」ということでまとめてもいい)というかたちで世に存在する「ことば」を使う

人の思想や感覚・感情を読むこと，になる。しかし，これは誰もが経験的に知っていることであるが，その「ことば」を使用する人間およびその人間が構成する社会（国家）は多様であるがゆえに，当然ながら思想や感覚・感情は自然科学のように「定理」的に処理することはできない。ある集団（国家・社会）において「ことば」は共通なものとして存在しながら，その「ことば」を使用する人間の思想や感覚・感情は百人百様である，という点にこそ，「読書」行為におけるアポリア（難題）がある，といわれる所以である。

b. 人間社会と「読書＝ことばを読むこと」

　とはいいながら，「文字」が発明され，それを使って「書・本」が書かれるようになった古代から，人間はその「書・本」をひたすら読み続けてきた。なぜか。ここに「読書」行為における「もう一つ」の問題がある。つまり，人はなぜこれまで長い間「書・本」を読み続けてきて，これからもまた読み続けていくのだろうか，という問題である。人間が他の動物と違って「ことば」を使用し，そのことによってアイデンティティを獲得してきたがゆえにというのは，あまりにも一般的な解答にすぎるだろう。「ことば」が文化や宗教，道徳（モラル）といった人間の「上部構造＝精神活動」に深くかかわるだけでなく，経済活動や科学の発達，あるいは政治のあり方などにも関与していることを考えるとき，なぜ「読書」行為は存在し続けるか，という古くて新しい根源的な問いは，現在もなお問われ続けなければならないものとしてある。

　1994年に日本人として2人目のノーベル文学賞を受賞した大江健三郎は，「戦後文学から新しい文化の理論を通過して」(1986年) という講演録のなかで，「文学の役割は」と自問し，「人間が歴史的な生きものである以上，当然に——過去と未来をふくみこんだ同時代と，そこに生きる人間のモデルをつくり出すことです」，と答えていた。この大江の言葉を「書・本」（この場合「文学作品」）を読む側，つまり「読者」の側から読み替えれば，歴史的・社会的存在である人間の「生き方のモデル」が提出されている作品から，その作品のなかに生き

る人間の思想や感覚・感情を同じく歴史的・社会的存在である読者が読み取る，ということになる。言葉を換えれば，文学作品を読むということは，そこに表現された登場人物＝他者の「生き方」（思想や感覚・感情，等）と読者のそれとをシンクロさせるということに他ならず，そこでは「共感」や「同調」，あるいは「対立」や「反撥」などといった感情が生起する。しかし，この「読書」行為の根底にあるのは，読者と登場人物（とそれを造形した作者）との「共同・協同性」であり，意識的であれ無意識的であれ，めざされているのは「共生」の思想である。

　この「読書」行為における「共生」への思いは，たとえそれが無味乾燥と思われがちな「記録」，あるいは数字や記号，図表などで埋め尽くされている自然科学に関するものであっても，そこに「共同・協同性」が志向されている以上，基本的には同じである。なんのために「記録」が残され，科学論文や調査報告書が書かれるかを考えれば，それは歴然とするだろう。時には，原爆開発（マンハッタン計画：第2次世界大戦中，アメリカにおいて産・軍・学の共同で進められた原爆製造計画）のように，結果的に人類（社会）の未来を閉ざしてしまう可能性をもった科学の成果が，「書・本」，あるいは論文というかたちで残されるということもあるが，そのほとんどは人類社会の「発展」，人々の「幸福」を願って行われる行為の結果報告にほかならない。しかも，「記録」をめざして書かれたとされる『日本書紀』や『古事記』のように，記述されたものが宿命的に内在してしまう「物語性」によって，現在もなお読み継がれている例をもち出すまでもなく，どのような「記録」や「科学論文」，「レポート」でも，それが「書・本＝ことばで書かれたもの」であるかぎり，そこには「物語性」が生じる。したがってそれを読むことはまぎれもなく他者との関係性を確認する作業でもある，という現実が存在する。たとえそれが自分の研究のために必要であるというような「実利」を目的とした「読むこと」であっても，である。

　それは，人間が「社会的」動物であること，つまり人間は一人では生きられず，他者との「共生」があってはじめて生きることができるという原理に起因

する。どのような「書・本」であれ，それは何のために書かれたのか，というような「書くこと・書かれたこと」の根本に立ち帰って考えれば，このことは了解できるのではないだろうか。

c. 「知る」ことの重要性

19世紀末に大英博物館東洋調査部員となり，世界的に有名な科学誌 Nature に日本人としてはじめて論文が掲載されたことでもよく知られる博物学者・民俗学者南方熊楠の博覧強記ぶりは，夙に知られているが，彼ほどの「知識」を誰もが身につけるべきだとはいえないまでも，交通や情報の発達が異常に高まっている現在，言い古されてきたことであり，今もなおさまざまな分野で説かれている「知ること」の重要性を，もう一度考える必要があるのではないか。とくに他者との「共生」を前提とした「最低限の知」については，それが何であるかを各人が自覚しなければならないのではないか，と思う。何をもって「共生」に必要な「最低限の知」とするかは，もちろん人やその人が属する民族や国家によっても異なるだろうし，発達段階によっても異なる。しかし，近代国家（社会）の成立以来どの国家・社会にあっても「教育制度」を整え，国民皆教育を計ってきたことの意味を考えれば，それぞれの国家や社会によって「基準」は違っても，あるいは曖昧模糊としたものであっても，現代社会にあってはやはり「最低限の知」は要求されている。誰もが，「知ること」を怠ると社会が活力を失い停滞することを知っているからである。換言すれば，人は「知ること」によって正義・不正義，悪・善，適・不適などを見抜く力，つまり「批判力」を身につけ，その「批判力」が社会を進展させてきた事実を，何人も否定できないということである。もちろん，さまざまなことを「知ること」によって，その社会が自分にとって最も適したものであるという「親和力」を得るということもある。

そのことを前提とすれば，「最低限の知」とは，これも人や社会・国家，発達段階によって異なるが，「批判力」や「親和力」を身につけるために必要最

低限の知識，ということになる。いずれにしろ，「知ること」は，他者との「共同・協同性」によって成り立つこの社会にとって，第一義的に追求されるべきことと言っていいだろう。たとえば，よくいわれることであるが，日本の若者と中国や韓国の若者との「歴史認識」の違いがなぜ生じているのか。その理由については，巷間さまざまに論議されているが，一番の理由は，日本の若者が近・現代史についてあまりにも「無知」である点にあるといっていいだろう。日本軍が中国大陸で行った「三光作戦＝焼き・殺し・奪う」について，どれほどの日本人（若者）が知っているか。あるいは，植民地にしていた朝鮮での「皇民化教育＝日本語の強制・宮城遙拝・創始改名　等」や，なぜ「在日朝鮮人・韓国人」がいまだに数多く日本に存在するのか，などについてどれほどの日本人が思いを巡らしてきたか。それだけではない。年中行事のように毎年8月になると各種のメディアが大々的に取り上げてきたにもかかわらず，「1945（昭20）年8月15日」が何の日か知らない若者が存在し，また「平和教育」と称する学習をあれほど熱心に行ってきたにもかかわらず，現在でも「ヒロシマ・ナガサキ」の被爆者が30万人弱存在することなどに，まったく思い及ばない若者が数多く存在することを思うと，「歴史認識」だけでなく，この国の「知ること」に決定的な欠陥があるのではないかと思わざるをえない。「共生」に必要な「最低限の知」とは，まさにこのような誰もが知っていなければならない知識のことである。

　もちろん，これらのことは若者自身だけの問題ではない。若者の「知ること」を阻害してきた戦後教育のあり方や社会の風潮，政治の現実がそこには影を落としている，と考えなければならない。しかし，根本的には，「知ること」が他者との共生における第一歩であるという認識が欠如したまま，ひたすらおのれ一個の「幸せ」さえ追求すればいいのだという思考を増長してきたこの社会のあり方にこそ，問題があると考えざるをえない。団塊世代の作家である増田みず子が，他者との関係を一顧だにせず，ただおのれ内部に閉じこもる若者を主人公にした『シングル・セル』（作者は，この言葉に「孤細胞」の訳をつけている）

を発表したのは，1986年である。それから20年経って，電車のなかで化粧する少女や，周りに気をめぐらすことなくひたすら携帯電話のゲームに熱中している若者を見ると，「シングル・セル」への閉じ籠もりもここまできたか，と思わざるをえない。彼らにとって「外部＝他者」は存在せず，あたかも彼らの生＝生活は真空地帯にあるかのようである。

　たしかに，人はすべてを「知ること」はできない。しかし，おのれの生を担保してくれる他者との関係性・共生を認識するために必要な「最低限の知」については，人間社会が存続するかぎり誰もが考えなければならないことなのではないだろうか。そうしなければ，いつかこの社会は活力を失って確実に自壊していくだろう。おのれ一個の「幸せ」だって，本質的には他者との関係性・共生によってしか保障されないのだから。

　では，その生きていくうえで必要最低限の「知」はどのようにして身につけるのか。人との交わりによって，あるいは溢れかえる「情報」によって，か。いずれにせよ，それらの根源に「ことば」があることを考えれば，一番手っ取り早いのは「読書＝書・本を読むこと」にほかならない。古来から「知」の獲得が「読書」に拠ってきたから，そのようにいうのではない。「書・本」のなかには多くの「他者」が存在し，限られた数の人間としか関係がもてない子どもや溢れる「情報」をうまく処理できない人にとって，「読書」はその「他者」との関係性・共生を考えるうえで無限大の可能性をもっていると考えられるからである。

第2節　読書と子ども

a.　「想像力」は「経験」を補う

　当然のことだが，人はこの世界で起こったこと，あるいは起こっていることのすべてを「知ること」はできないし，ましてや直接体験などできはしない。それは，人の生き死にが個別的であり，他者が介入できない身体の問題である

ことに似ている。しかし，すべてを「知ること」や体験することができなくとも，人が「想像力」によってその「死」について恐怖したり，不安に陥ったりするのと同じように，人は「想像力」を駆使することによってこの世界に起こるさまざまな現象と対峙し，自立的な判断を行い，行動や思考の指針としてきた。そうすることが，あたかも人間が人間である証(あかし)であるかのように，である。そして，この「想像力」がこの世界にあって最重要だと考えられるのは，「想像力」無きところに他者との「共生」もないからにほかならない。

　このことは，「想像力」の一部を構成する「空想力」について併せて考えれば，よく理解されるのではないだろうか。たとえば，人間はなぜ「神」を創り出さなければならなかったのか。「神」によって人や動植物が創られ，それらを統轄する存在として「神」を想定し，その「神」のもとですべての人間が「平等・対等」であると考えることで，人間はよりよい社会や国家の形成をめざしてきたといえるのではないか。あるいは，人はなぜ行ったこともない月に自分たちと同じような生活があると考えたのか，そんな「想像力＝空想力」を人間がもたなかったら，おそらく日本最古の「物語」といわれる『竹取物語』は生まれなかったはずである。さらにいえば，天文学や科学の粋を結集した宇宙科学の世界で，そこに至ればすべての存在が吸収され消滅してしまうという「ブラック・ホール」が，なぜ想定されなければならなかったのか。人は，事実や現実を超えた世界を「想像＝空想」することによって，事実や現実だけが教えてくれる「知」の世界を広げ，深めてきたのである。精神的にも物質的にも，より「豊かな」世界を望むがゆえにである。

　インターネットが全盛の現代，「知ること」を広げ深めてくれるのはコンピュータを媒介とした「情報」だと錯覚しがちだが，年齢的にも身体的にもコンピュータを自在に扱えない世代＝子どもや老人，あるいはある種の障害をもった人たちにとって，直接的な体験を補う「想像力」や「空想力」を養ってくれるのは，やはり「ことば＝文字」ということになる。つまり，「読書」こそ「想像力」や「空想力」を養う原基なのである。とくに，実体験や知識の蓄

積が少ない子どもにとって、「読書」は「世界」を広げ、「知」を深める最も優れた行為にほかならない。たとえば、一時期「差別」を増長する書物だとして発行が停止されていた絵本の『ちび黒サンボ』は、「差別」問題と表裏一体になっていることだが、この絵本を手に取った子どもにとって、黄色い肌をした自分の周りの人間以外に、「黒い肌」の人間が世界には存在することをはじめて「知る」体験だった、ということがある。あるいは、ヴェルヌの『海底探検二萬里』を読んだ子どもは、まだ見ぬ海の底がいかに神秘と不思議に彩られた世界であるかを、その原子力潜水艦に乗った人々の「冒険」に胸を躍らせながら、「知る」のではないか。また、『小公子』の主人公に自分を重ねて涙しつつ、日本とは異なる19世紀末のイギリス貴族のあり方を「知る」ということもあるはずである。

　このような言い方をすると、必ずといっていいほど「そんなことが生きていくうえで何の役に立つ」というような、功利＝実学主義的な立場からの反論が寄せられる。読書行為自体が人間が生きるうえで間接的にしかかかわらない「虚」であり、いつどのような社会にあっても「実利」が優先され、しかもそれは一定の「真」を含むからにほかならない。本好きな人は、誰でも親や大人から「本ばかり読んで！」というような言葉を、皮肉交じりに投げつけられた経験を一度や二度はもっているはずである。しかし、「書・本＝ことばを読むこと」の基本が、この社会や世界を知り（＝理解し）、他者との「共生」を計るための考え方を手に入れる根源的な行為であることを承認すれば、「読書」がいかに人間にとって必要不可欠なものであることもわかるのではないだろうか。

　昨今とかく目につく「親殺し・子殺し」が、最も身近な他者への理解（共生への志向）を欠いたがゆえに起こった事件だとすれば、子ども時代から始まる「読書」の本質について、もう一度見直す必要があるのではないか、と思わざるをえない。各種の調査が報告する「不読者の増加」と「親殺し・子殺し」事件の増加とが、どこかでリンクしているのでなければ幸いである。また別な角

度からこのことを考えれば，人は「読書＝他者のことばを読む（理解する）こと」によって，他者も自分と同じようにこの世を生きているのだということを実感し，その「ことば」は「いのち」から発せられたものであることを理解するのではないか，ということがある。1990年代半ばに神戸で「酒鬼薔薇聖斗」事件を起こしたA少年（中学生）は，自分のことを「透明人間」と称したが，両親や兄弟，教師，友人たちとの関係が消滅し，A少年は彼らから自分が見えなくなっているのではないかという思いを強くし，その結果「透明人間」としか自分を表現することができなくなってしまったものと思われる。つまり，他者の存在（いのち）を鏡として自分を認識するという方法を理解できなくなってしまった結果，他者の「いのち」をも玩具（おもちゃ）と同じようなものとしてしかとらえることができず，そうであるがゆえに殺害した少年の首を自校の校門に晒すというような「蛮行」を，A少年は平然と行うことができたのである。

b.　「教育」と読書

　誰もが，それぞれの成長過程に応じて，好き嫌いの差はあっても何らかのかたちで「読書＝書・本を読むこと」とまったく無縁な人生を送ることはない。幼児期には親とともに，そして幼稚園（保育園）で，小学校・中学校・高校・大学で，就職してからも「書・本」とまったく関係ない生活はほとんど考えられない。とくに，幼稚園（保育園）時代から始まる「教育」の場では，生活の中心に「書・本を読むこと」があるといっても過言ではない。たとえそれが「受験」や「就職試験」のためのものであっても，である。この時期の「書・本を読むこと」を通じて，園児，児童，生徒，学生は多くの「知」を獲得し，生き方の基底を形成していくのである。そのことを考えると，「教育」の場における読書——大人・教師の側からいうと「読書指導」ということになるが——がいかに大切であるかがわかるだろう。

　しかるに，読書嫌い（本嫌い）という人にその原因はどこにあると思っているかを聞くと，その大方の人が学校時代に受けた読書指導にあるように思う，と

答える。本来は「書・本を読むこと」を勧めるはずの読書指導が、すべての人にというわけではないが、結果として読書嫌い・本嫌いをつくってしまうこのパラドックス、ここに読書と「教育」に横たわる難しい問題がある。いうまでもなく、学校における「読書指導」は、建前からいえば教科全般にわたって行われるものであるが、実質的には主として「国語」の授業を通して行われる。ということは、読書嫌い・本嫌いは「国語」の時間につくられると考えていいのではないか。たとえば、全国学校図書館協議会（全国SLA）と毎日新聞社が毎年行っている「学校読書調査」の2003年度の結果によれば、1カ月に1冊も本を読まない「不読者」は、小学生で9.3%、中学生31.9%、高校生で58.7%となっている。小学校から中学、高校へと進むに従って急激に増加する「不読者」、彼らは「国語」の時間につくられる、といったら言い過ぎか。

　なぜ、このようなことが起こるのか。まず考えられるのは、よくいわれることであるが、過度な「受験競争」が「国語」の「読解指導」を歪めているということである。具体的には、文章「読解」の基本となるべき「ことば＝日本語・母語」の理解を等閑（なおざり）にして、何が何でも「正解」を求めることに性急な受験用国語によって、子どもたちは自分の「読み」が受け入れられない体験を重ねる。その結果「国語＝書・本を読むこと」を忌避する気持ちを強くもつようになってしまった、ということが考えられる。先述したように、人の考え方・感じ方は、生育歴や経験が個別的であることを反映して、多種多様である。考え方・感じ方が異なれば、同じ文章に対する「読み」も違ってくるはずなのに、「国語」教育、あるいは「受験国語」ではそれを認めない。「正解」とは、誰にとっての「正解」なのか。もちろん、百人が百人「同じ答え＝正解」を出す場合もないわけではない。しかし、たとえば物語の「読解」にかかわって、とくに登場人物の心情を問う問題などに、はたして「正解」と呼べるものは存在するのか。自分（読み手）の全感覚・全思想をもとに「想像力」を駆使して件（くだん）の登場人物の心情を推し量るという行為は、いかに「客観性」を保持しようとしても、当然その「読み取った」登場人物の心情に読み手の心情が重なる。結果、「正

解」と称するものと真逆な「読み」になる場合が生じる場合もないわけではない。そんな「読み」の現実を前提とすれば，必然的に「正解」は「最大公約数」的なものにならざるをえないはずである。時々話題になることだが，大学入試に出題された小説問題で，その小説を書いた本人（作家）が心情を問う問題を解いたところが，正解率が60パーセントにしかならなかったなどということがある。これなど，いかに「完璧な読み」が存在せず，「正解」と称するものが不完全なものであるかを具体的に証するものにほかならない。

いずれにしても，「正解」を求めるあまり，読み手個々の「読み」に想像力をはたらかさないまま切り捨ててしまう国語「教育」のあり方こそが，読書嫌い・本嫌いをつくり出してしまう元凶の一つになっているのである。このことは，読み手の側からいえば，自らの経験や思想に基づいて，「ことば」を「正確」に読み取ろうとする独創性が認められないということで，そこに指導者（教師）の責任がある，といわねばならない。独創的な「読み」や発想を拒絶された読み手が，はたして読書好き・本好きになるか。答は否である。

もう一つ，実はこれが一番大きな原因なのではないかとも思われるのだが，家に1冊の書物もない読書嫌いの親に育てられた幼児，学校で読書の楽しさを語る教師に一度も出逢わなかった子どもは，残念ながら読書好き・本好きな人間に育たないのではないか，ということもある。読書嫌い・本嫌いの親や教師に育てられた子どもが，どうして「読書＝書・本を読むこと」の楽しさ・精神の充足感を知ることができるのか。たしかに，親や教師の薫陶とは関係なく，ある日突然「読書」に「目覚める」ということもある。しかし，子どもというのは常に「学習」して大人になっていく。ならば，親や教師が本を読む習慣をもつことの大切さを，私たちはもう一度考える必要があるのではないか。

さらに，読書嫌い・本嫌いをつくりだす大きな要因として「感想文」を書かせる，ということがある。とくに，夏休みの課題として提出させられる「全国青少年読書感想文コンクール」用の感想文，とりわけ「課題図書」の感想文が読書嫌い・本嫌いの原因になったと思い込んでいる人は多い。まだこの国が貧

しかった時代に始まった「全国青少年読書感想文コンクール」は，すでに50回（2005年で）を超えて実施されている。この「全国青少年読書感想文コンクール」は，元来本を読むことさえままならなかった「貧しい時代」の子どもたちに，「良書」を読んでほしいという願いから始まり，年中行事化（ルーティン化）したものである。しかし，一部の子どもたちを除いて多くの子どもから「苦行」を強いる読書，と受け取られているのは，なぜか。当然のことだが，本を読んだ後に「感想」を書くという行為は，決して悪いことではない。「感想」を書くことによって，読み取ったことを確認することができ，論理的思考の訓練にもなるからである。にもかかわらず，子どもたちが読書とその後に感想文を書くという一連の行為を「苦行」と感じるとしたら，それは「感想文」を書か・せ・る・指導のどこかが間違っていると考えた方がいいだろう。

　教育の場で子どもたちに文章を書かせる場合，その基本になっているのは，戦前からの「綴り方教育」の伝統を引き継いだ「リアリズム」信仰だといっていい。「感想文」の場合も，例外ではない。すべてとはいわないが，基本的に感想文において「空想」や「ファンタジー」は忌避される。子どもたちの生活を見ていれば，絵本や童話，あるいはマンガ，テレビのアニメ番組などによって，まず「空想」や「ファンタジー」の世界で遊ぶことを身につけているにもかかわらず，である。そんな子どもが「学校」に入った途端，すべての場面で「リアリズム」を強いられる。だから，日常生活とは異なる「もう一つの世界」を描いた本を読み，子どもたちの内部に湧出した「夢のような感想＝空想・ファンタジー」も，「感想文」を書く段になると，指導者（教師・親）はそんな子どもたちの現実を無視して，「生活＝リアリズム」レベルに引き戻す。子どもたちは，この「落差」に苦しみ，読書および「感想文」提出を「苦行」と感じるようになるのである。指導者（教師・親）は，そのことをどれだけ理解しているだろうか。

　それともう一つ，「全国青少年読書感想文コンクール」などを読んで感じるのは，そこに「感想」はあっても「批評（自分の世界を基準とした「批判」といっ

てもいい)」がない，ということである。どんな子どもでも，自分の日常とは異なる「もう一つの世界＝書・本」を読めば，「感想」とともに自分なりの「批評」ももつはずである。本来「書・本を読む」行為は，必然的にそのような「内面＝批評精神」を惹起するはずなのに，教育の場ではそれが封じられる。なぜ昨今の若者はディスカッションを苦手とするのか。遠因は，国語教育や社会科教育における「正解」至上主義とともに，この「読書感想文」に典型化されているような，教育現場全体における「批評」の封印にあるといっていいだろう。「読書感想文は読書感動文」[1]などと臆面もなくいえないほど，現実は深刻だと思うのだが。

さらに，「読むこと」（感想をもつこと）と「書くこと」（感想文を書くこと）との間に深い溝というか，意識レベルにおいて相当な開きがある，ということがある。読み取る力はあるのに書く力のない人のことを称して「眼高手低」の人というが，書くことに慣れていない子どもたちの多くが，この「眼高手低」になっている現実について，指導者（親や教師，等）はもっと配慮すべきである。つまり，昨今その境界が曖昧になりつつあるが，「話し言葉」と「書き言葉」には厳然とした違いがあること，そのことと深く関係する「読むこと」と「書くこと」の違いについて，指導者は深く認識する必要があるということである。

c.「学校図書館」と読書

ところで，子どもをとりまく読書環境としては，すでに触れた国語教育の場における「読書」および「読書指導」以外に，最も身近な存在として学校図書館がある。もちろん，その他の公共図書館（およびそこに併設された児童図書館）や児童館図書室，公民館図書室，なども忘れてはならない。しかし，あらゆる「教科」に対応した「書・本」や雑誌，その他の資料を備えている点で，子どもの読書行為に大きな影響を与えるのは学校図書館だといっていいだろう。最近は，多くの公共図書館や児童館図書室などで「読み聞かせ」など子どもの読書活動をサポートする試みが行われるようになってきたが，子どもの読書行為

の全体を見渡した場合，やはり学校図書館に勝る施設はないのではないか。

　だが，そのように子どもの読書活動において重要な役割を担う学校図書館であるが，その蔵書構成から読書指導に至る「内実」は，はたして子どもの「欲求」に応えるものになっているだろうか。2001年12月に子どもの読書推進法（正式には，子どもの読書活動の推進に関する法律）が成立し，それを受けるかたちで2003年4月には全国で約2万3000人の司書教諭が学校に配置されたが──文部科学省の2006年5月1日現在の調査によれば，漸減傾向にあるとはいえ全国の小学校・中学校・高校数は，それぞれ2万2878校と1万992校，5385校あり，司書教諭の資格をもつ国語教師のうち少なくない数が兼任している実態を知れば，約23万人の司書教諭配置がいかに不十分であるかがわかるだろう──，本来は「自由」であるべき子どもの読書について，「法律」を制定して「推進」しなければならないというのは，いかに子どもが本を読まなくなっているかを逆証することであり，学校への司書教諭の配置も遅きに失した感が無くはない。しかも，司書教諭の学校への配置は，12学級以上の学校に限られ，一番「書・本」という情報を必要とすると思われる農山村や漁村に多い小規模校には，「予算」の関係で配置されていない。また，その司書教諭にしても国語の教師が兼任している場合もあり，ますます多忙さを極めている学校現場において，はたして司書教諭としての業務を十全にこなしているか，はなはだ疑問である。

　これらのことは，学校図書館の整備費として文部科学省によって配慮されながら，それが地方交付税化されることによって，首長の姿勢によって年間図書購入費が数万円以下に押さえられている学校が数多く存在する現実と見合っている。数万円の図書購入費であらゆる教科に対応した「書・本」，雑誌，学習資料を図書館に備えることがはたしてできるか。「格差社会」へと移行しつつある現代を，学校現場もまた映し出すようになっているのである。さらに，図書購入費の少なさは，学校現場の忙しさと相俟って，図書館にとって最も重要な「選書」の難しさということもある。ある報告（筑波大学大学院生片山ふみの「児

童出版社にとっての学校図書館」2006年）によれば，司書教諭が配置されている中・大規模校でも，児童図書の購入を「SLBC」（学校図書館ブッククラブ）に頼っているところが多いという。たしかに，学校図書館の充実に関して「SLBC」のはたしてきた役割は大きいが，子どもや教師が本当に必要としている「書・本」が適切に配本されているかということになると，必ずしもそうだとはいえない。これは，公共図書館がその「選書」を「TRC」（図書館流通センター）に頼る傾向を強めているのに似ている。

　なお，最近は国語教材や社会科教材，あるいは生活科や「調べ学習」に応じた「ブックトーク」（本の紹介，本の道案内）が司書教諭によって行われるようになり，それなりに効果を上げているようであるが，小学校ならまだしも，中学・高校と進むに従ってどれだけ子どもたちの「欲求＝レファレンス」に応えることのできるブックトークが可能か，指導者（司書教諭）の「力量」（知識・読書量・批評精神，等）が試されるのではないだろうか。近頃よく学校回りをしている書店員から聞く言葉に，「学校の先生ほど本を買わない人はいない」というのがある。この書店員の言葉を額面通りに受け取っていいかどうかは別にして，身近にいる教師たちの本棚を見させてもらって驚くのは，そのあまりの貧弱さである。彼らの少なくない人が国語や社会科の教師であることを考えると，どれほど子どもたちの現実に即したブックトークが実現しているか，はなはだ心許ない気がしてならない。これは一部の地域に限ったことかも知れないが，たとえばヒロシマ・ナガサキの「平和学習」を「偏向教育」として退ける教育管理者に対して，あるいは「性教育」への市会議員の介入に対して，教育現場が「沈黙」を余儀なくされているような現状を考えると，学校教育・図書館の現場に携わる者には何よりも「読書」に関して相当強靱な精神が要求される，といっていいのではないか。教育現場が多忙だということはわかるが，「知る」ことや「読む楽しさ」への飢餓感が枯渇した教師に，読書に関して何ができるのか，もう一度原点に返って考える必要があるように思う。

第3節　現代社会と読書

a.　デジタル・ネットワーク社会と「活字離れ」

　先に触れた中高校生の「不読者」数は，関係諸機関の危機意識や努力の甲斐があったのか，2004年度，2005年度と幾分か改善される傾向を見せているという。しかし，依然として中学生で30％，高校生で50％近い生徒が1カ月に1冊も本を読まない状態は続いている。このことと，「書・本」が情報の大方を担っていた近代社会が終焉を迎え，情報がデジタル化され，いとも簡単にそれらがパソコンに集積される「ポスト・モダン」社会の本格的到来とはどのような関係にあるのか。結論的にいえば，「ことばを読む」という読書の本質からこの「不読者」数の肥大化という問題を考えた場合，冊子本と電子本というかたちで顕現しているデジタル・ネットワーク社会における「読書」は，デッド・ロック（あるいはアポリア）に乗り上げているように見える。

　これも先に触れた子ども読書推進法の2条「基本理念」は，次のような文章になっている。

> 「子ども（おおむね18歳以下の者をいう。以下同じ）の読書活動は，子どもが，言葉を学び，感性を磨き，表現力を高め，創造力を豊かなものにし，人生をより深く生きる力を身に付けていく上で欠くことのできないものであることをかんがみ，すべての子どもがあらゆる機会とあらゆる場所において自主的に読書活動を行うことができるよう，積極的にそのための環境の整備が推進されなければならない。」

　たしかに，読書は「言葉を学び，感性を磨き，表現力を高め，創造力を豊にするもの」である。しかし，はたして読書は「人生をより深く生きる力を身に付けていく上で欠くことのできないもの」であるのかどうか。「人生をより深く生きる力」とは何か。この言い方は，いかにも抽象的すぎないか。「人生」に「深い」「浅い」はあるのか。このように抽象的にしか語れないところに，

現在の読書論(読者論)の弱点がある。なぜ,「他者の理解・他者との共生」に読書活動は必要不可欠なものであるといえないのか。

たしかに,インターネット上の情報(広い意味での電子本)は,その「速く」「全世界をコンピュータ内に集積する」という点で,冊子本の比ではない。たとえば,CD-ROM 化された百科事典やその他の辞書・事典類など,その利便性は想像を絶する。しかし,電子本(インターネットによる情報)における「読書」が本質的にバーチャル(非現実)な世界を対象にしていることを考えれば,読書を通して生身の他者へという回路が閉ざされている点に最大の問題がある,といえるのではないか。共同体が解体し,家族も崩壊の危機にある現在,とくにそのように思えてならない。最近電車のなかや大学のキャンパス内でよく目にする光景だが,何人か連れ立っていながら,会話もせずそれぞれが携帯電話でメールを送ったり,受信メールを読んでいたり,というのがある。恋人らしき若い男女が喫茶店でそれぞれ携帯電話を弄んでいる,ということもある。彼らにとって,他者は「不在」なのである。

さらに,広い意味での電子本(情報)は,インターネット社会が幕を開けた頃の紹介本・入門書,たとえば『インターネット』[2],『インターネット自由自在』[3]等が如実に語っているように,インターネットは「利便性」や「効率」を第一に考え,それを使う人間の「想像力」などとはまったく関係ない世界であるという。極端な言い方をすれば,人の「想像力」を拒絶したところに広い意味での電子本は成り立っている,ともいえる。ある種のゲーム(「ウォー・ゲーム」や「ヒーローもの」「格闘もの」等々)が「勝敗」だけを問題にし,登場人物の「いのち」などまったく無視している現実を,どのように解釈するか。最近「読書指導」や公共図書館,児童館の現場で「アニマシオン」という言葉がよくいわれるようになったが,これなどもインターネット社会(電子本の世界)において,あまりに人間の存在(いのち)が卑小になっていることの裏返しといっていいのではないか。

「アニマシオン」とは,ラテン語で「生命・魂」を意味する anima (アニマ)

を語源とし，「すべての人間がもって生まれたその生命と魂を生き生きと躍動させること」「生命力・活力を吹き込み活性化させること」[4]であるという。「子どもと読書の世界を広げる」と副題された『読書のアニマシオン』[5]などを見ると，かつて教育現場で声高に叫ばれた「全人教育」を想起させるような読書指導の思想と方法のように思えるが，効率の良さや速いことはいいことだ式の風潮が蔓延しているこの時代に，読書によって人間の「生命力」と「魂」を活性化させるという意図と実践は，着目に値することかもしれない。ただ，何のために「生命と魂を生き生きと躍動させる」必要があるのか，なぜ「生命力・活力を活性化させ」なければならないのか，という「大前提」が曖昧にされているように思えるのだが，どうだろうか。

b． 読書と「豊かな人間性」

「豊かな心・生きる力を育むために」の副題をもつ『子供を本好きにさせる本』[6]の著者七田眞と濤川栄太は，その著のなかの対談「子どもを本好きにさせたいお父さん，お母さん」のなかで，「読書力は，人間力，生きる力，想像力，個性力，考える力，感じる力など，七田先生がおっしゃる根源的な生きる力を引き出す，最高，最大の武器だと思います」（濤川の発言）といっている。「読書力」はまだしも，「人間力」とか「個性力」とか，このような日本語を使う人間が「読書」について語る不思議さは今措いて，七田も濤川も「読書」が万能であるかのような物言いをしている。この一見「正論」のように見え，世間受けするような議論も，そこに「歴史」や「社会」が捨象されていることを考えると，所詮「きれいごと」でしかない。たとえば，（国家）権力によってその権力を否定するような書・本が読めなくなるような処置が執られたり（検閲や発売禁止処分），戦前のように七田と濤川がいう「根源的な生きる力」と真逆な「死の美学」を推奨するようなイデオロギーを注入するための本や教科書を読まされたという状況が存在したことなどを，二人の議論はまったく考慮していないように見える。

読み聞かせや読書が大切なのは,「心を伝え,心が育つ」からだという『いま,子どもと本を楽しもう―感性と心育ての読書法』[7]の著者片岡徳雄も,その意味では同断である。片岡にしても,七田,濤川にしても,彼らの議論を見ていると,どうも子どもの世界やその子どもの読書にかかわる世界だけは現実の社会とは無関係に（切り離されて),「純粋」で「汚れ」のない心に満たされているという前提のもとで成り立っているように思えてならない。かつて鈴木三重吉が創刊した『赤い鳥』(1918 [大正 7] 年 7 月〜 1936 [昭和 11] 年 10 月　通巻 196 冊)は,その巻頭を飾った「『赤い鳥』の標榜語」のなかで,子どもの読書環境は「功利とセンセイショナルな刺激と変な哀傷とに充ちた下品なものだらけ」だから,「子供の純性を保全開発するために,現代第一流の芸術家の真摯なる努力を集め,兼て,若き子供のための創作家の出現を迎える」のだ,と後世の児童文学史家に「童心主義」と批判される主張のもとに刊行されたが,現代の読書指導家たちは相も変わらず「童心主義」の呪縛から逃れられていないように思われる。子どもや子どもの読書は,あたかも世間と切り離された「真空地帯」にあるかのようである。アプリオリに「子どもの読書は善」とする考え方が通用するほど,情報化社会となった現代は緩く（甘く）ないのではないか。

　このようなことは,なぜ「書・本を読むこと＝読書」が必要なのか,それは「感動」が得られるからだ,という議論についてもいえる。『司書教諭テキストシリーズ 04　読書と豊かな人間性』[8]の大部分を執筆した編者朝比奈大作は,その「第 1 章　現代における読書の意義」のなかで,「一度でも『ああ面白かった』という心からの感動を得た人は,もう一度その感動を味わいたいと思うはずである。それが読書の楽しみ,読書の喜びなのである」,「今まで知らなかったことを知った,わからなかったことがわかるようになった,できなかったことができるようになった,それは,いずれも心躍る感動の体験である」としながら,「第 2 章　学校教育における読書」では,読書の意味について次のようにいう。

　「本を読むことによって,著者や登場人物の心に自分の心を重ね合わせ

ることができれば，あるいは著者や登場人物の経験を自分の心の中に取り入れることができれば，それは確かに一つの心の教育の実践となるであろう。小説の主人公に自分の心を重ね合わせるということは，すなわち他者を思いやる心を育むということである。本の中で展開されるストーリーを楽しむことができるということは，すなわち想像の舞台の上で，自分自身がそのストーリーを体験するということでもある。実体験が希薄になる一方の現代社会において，読書こそはその隙間を埋めてくれる唯一の手段かも知れない。」(傍点　黒古)

　一見「正論」のように見えるが，小説を読むことは「主人公に自分の心を重ね合わせる」ことで，その結果「他者を思いやる心を育む」ことができ，「ストーリーを楽しむ」のは「想像の舞台の上で，自分自身がそのストーリーを体験することでもある」というのは，はたして正しいか。これが小説を読むことの本質だとすると，朝比奈が批判的に考えている文部科学省の学習指導要領に基づく国語科の「読み物教材指導」と変わらないのではないだろうか。すでに述べてきたことであるが，読書（小説を読むことも含む）の意義は，「他者を思いやる心を育むこと」もその一部であるが，最終的には「他者との共生」こそ人が生きることの意味であると覚るところにあり，「ストーリーを楽しむ」のは「自分自身がそのストーリーを体験すること」ではなく，現実生活とは異なる「もう一つの世界」を知ることにある。読書の目的として，想像力を基点とした批評（批判）の力が強調されるのも，「感動」や「面白い」といった感覚的なレベルを超えた論理（思想・哲学）を身につけるということが考えられるからにほかならない。

　それに朝比奈たちの言説からは，「感動」は強いられて実現するものなのか，というような印象を受けて仕方がない。国語の心情読解問題において「正解」が要求されるのと同じように，読書において「感動」が強いられる。たしかに，朝比奈は先の本で「面白くないかも知れない本」の存在を認めているが，それでも論調の中心は子どもたちの周りに存在する本の大部分は「感動」する内実

をもったものであるという前提になっている。しかし，多くの人が経験的に知っていることだが，心の底から「ああ面白かった」とか「感動した」という本は，そんなに多くない。それに，「面白い」とか「感動」とかという情動は，本質的に個別的である。なぜ多くの子どもが「読書感想文」によって読書嫌い・本嫌いになったと答えたか，もう一度考えてほしい。アプリオリに「この本は感動をもたらすもの」と信じ込んでいる指導者によって，本を読まされる子どもたちのことを想像してほしいのである。子どもたちは率直な自分たちの読後感を片隅においても，指導者の意に沿うように「感動した」「面白かった」というのではないだろうか。そのことに想像力を働かせない読書論は，ほとんど意味をなさない。

　「悪書」とか「読書の危険性」を指摘する読書論も，その意味では同断である。司書教諭用のテキストを意識して「バランス＝公平性」を考えた結果なのか，朝比奈は先の本で「読書の危険性」「文学の危険性」についてそれぞれ一項を設けて論じている。彼は「読書の第一の危険性」として，「あまりスポーツの好きでない者が無理強いされて嫌々やるとけがをする危険があるように，想像力が乏しい者に無理やり読書させようとすると，かえって想像力にけがを負わせることがある」を指摘する。「想像力がけがをする」とはどういうことなのか，そのことは今問わないとして，「第二の危険性」として次のようなことをいうとき，何のために読書指導するのか，何のために「自立」的な司書教諭の仕事はあるのか，まったく意味がわからなくなってしまう。

　「読書の第二の危険性は，まさにその想像力の駆使ということの内に潜んでいる。本を読んで「ああ面白かった」と思うこと，それは子どもたちがこれまでの自分の乏しい経験を超えて，空想の中で自分の経験を拡大することができたということである。もともと好奇心旺盛な子どもたちにとって，それは心躍る冒険なのである。読書を面白いと思ってしまった子どもたちが，その想像の翼を広げようとするのは当然のことである。スポーツのやりすぎが身体をこわすことがあるように，想像のし過ぎは心を

こわす可能性もあるのである。」（傍点同）

　「文学の危険性」についても，文学の影の部分に「偽・悪・醜」という「毒」があり，「感動が大きければ大きいほど，そこに含まれている毒にあたる可能性も大きくなる」と，「読書の危険性」と同じようなことをいっている。しかし，このような考え方を推し進めると，一時期盛んだったPTAや青少年育成団体の「悪書追放運動」につながるし，「検閲」制度を認めることにもなる。それこそ「危険な読書論」といわなければならない。第一，読書が「想像力にけがを負わせ」たかどうか，あるいは文学の「毒にあた」ったかどうか，そんなことは他人（指導者や親）が判断することではない。それは，生き方と同じように本人が一生かけて判断する以外にない事柄である。

　そのことを了解して，では「豊かな人間性」をはぐくむための読書はどうあるべきなのか，また指導者（とくに司書教諭）はどう子どもに対処すべきなのか。方法的には，「読み聞かせ」とか「ブックトーク」，「読書会」，「読書感想文」，「読書感想画」「読書発表会」，あるいは成功しているといわれる「朝の10分間読書」など，さまざまなことが考えられるだろうが，理念的には子どもたちの「批評性＝批評精神」を読書によっていかに身につけさせるか——そのことを実現するためには，指導者自身の「批評精神」が問われる——，そのための材料（本や雑誌，資料，等）を子どもたちに対していかに提供（サポート）できるか，指導者や大人のできることは，このことしかないのではないか。さらに冷厳なことをいえば，人（この場合，指導者や大人）が他者（子どもたち）にしてやれることはそんなに多くない。何でもできるなどと考えるのは傲慢であるということを肝に銘じて，そのことを了解したうえで指導者は子どもたちの「知ること」や「考えること」を精いっぱい支援するしかないのではないか。抽象的ないい方になるが，指導者や大人は過剰な関与をひかえ，子どもたちの実態をよく観察し，彼らと同じ目線で「現在」という時代や社会の在り様を考え，「本・ことば」を媒介に，共に生きることを模索していくしかないのではないか。

【黒古　一夫】

注

1) 紺野順子「読書感想文」 笠原良郎編著『読書の楽しさを伝えよう』(ポプラ社, 2005年) 所収
2) 村井純, 岩波新書, 1995年
3) 石田晴久, 岩波新書, 1998年
4) 「アニマシオンの人間学」『学校図書館』2001年8月号
5) 佐藤涼子編, 児童図書館研究会発行, 2005年5月
6) 七田眞と濤川栄太, エコー出版, 2001年
7) 北大路書房, 2001年
8) 樹村房, 2002年

第2章　読書推進行政の法制度

　鄭芝龍(てぃしりゅう)(1604-61)は，江戸時代，南海貿易で活躍した中国の明の武将で，近松門左衛門の「国姓爺合戦」のモデルとされる鄭成功の父としても知られている。この鄭芝龍は清朝初期に公刊された「台湾外記」にその少年時代を「自由気ままで，読書を喜ばず，けんかを好んだ」と記述されているそうである[1]。人が豊かな人生を送ろうとするとき，たしかに読書は大切だとは思う。しかし，それは相対的なもので，出版物がないところ，あるいはあっても少ない国々ではそもそも読書自体が特定の層にしか享受しえない。また，鄭芝龍のように少年期に読書に親しまなかったからといって，人格形成や人生にハンデを余儀なくされるものでもない。

　この国では，明治以来，途切れることなく'教育改革'が叫ばれている。ここ久しく学校現場では，学級崩壊や不登校，校内暴力やいじめが問題となっており，いま(2006年10月)高校では高等学校学習指導要領(平成11年3月29日文部省告示58号)に定められた'必修教科・科目'の未履修問題で大揺れに揺れている。すべての高校生徒に履修させようとする必修教科・科目は，現代市民社会の一員として必須だと政府が考える情報知識をあらわしている。しかし，そこで用いられている文部省検定済教科書の厚さは薄く，たとえば世界史の教科書は，個別大学入試の問題作成を担当している大学教員たちからは，歴史的事実の因果関係を十分に記述せず年表のようだという声を聞くことが多い。子どもたちを伸び伸びと育てる'ゆとり教育'を実施するためには内容を精選し，結果的に教科書のブックレット化を推進する必要があったのかもしれない。日本の学校教育で利用される教科書は先進諸国のなかでももっとも薄っぺらなも

ののひとつだといわれる。この国の学校教育は、小学校から大学、大学院にいたるまで、そのカリキュラムにはたくさんの科目が設置され、そのそれぞれに手頃な厚さの教科書が用意されている。

第1節 '読書' 概念と教科書

　'読書' といったとき、一般には小説やノンフィクションの図書を読むことがイメージされることが多い。現在、日本の小学校から高校で大流行の'アサドク'（朝の一斉読書）という民族的であるかのような慣行においても、マンガが入ることもあるようであるが、一般には小説を対象とすることが大半だとされる。児童生徒を対象とする近年の各種読書調査で必ず大騒ぎされることであるが、児童生徒のなかに日常において一冊も本を読まない'不読者層'が非常にたくさんいることについても、そこでは同じく小説やノンフィクション等を読まないことを指しているようである。しかし、児童生徒にとって一番身近な'本'は教科書のはずである。なぜ教科書をしっかり読むことが'読書'と認識されないのだろうか。

　学校教員の養成を任務とする大学の教職課程では、受講生に対して、教室で毎時間授業を行う際の教員の台本である講義案のつくり方を教える。45分から50分の授業時間を2、3分単位で児童生徒に教える個々の事項を一定のシナリオに配列してゆく。その個々のシナリオ、すなわち指導案を規律するのが'学習指導要領'である。発展的内容を含めても、大同小異の指導案にのっとり、個々の教科内容の伝達ということであれば、ロボットのようなティーチングマシンと化した教員が、日本全国の多くの学校で画一化した授業を行うことが期待されていることになる。教科書は相対的に薄っぺらで、すべての内容が教えられなければならない'学習マニュアル'となる。教科書検定作業の効率がそれを後押しするところがあるかもしれないし、国庫負担による義務教育の教科書無償配布など周辺制度が無味乾燥で薄っぺらな教科書に拍車をかけるの

かもしれない。

　教科書は，児童生徒の発達段階にみあって，絵本のような教科書からはじまり，補習などしなくてもすむような，大学教育に無理なく接続する内容をもつ概説書，啓蒙書に展開するものであってほしい。高校までの学校教育をコントロールし，歪曲しているのは一部に見られる激烈な大学受験競争だといわれる。しかし，現実には'大学像'はひとつではなく，有力大学の各学部が高校生に求める能力も一様ではない。必ずしも，中途半端にバランスのとれた没個性の平均的人材を求めているわけでもない。初等中等教育諸学校が用いる教科書は，内容と水準に異なるものがあってよいはずだと思われる。教科書の内容と水準については，法規性が云々される文部科学省の学習指導要領ではなく，学校とそれを取巻く社会の良識にゆだねられた方がよい（国がゆるやかなガイドラインを提示することまで否定するわけではない）。人生は学習や研究に至上価値を見いだすべきものではなく，学歴が人生の成功を保証するものでもない。ほかに優れた能力をもちながらも，その時点では勉強に向いていない児童生徒も少なくない。学校教育はさまざまに異なる能力を備えたそれぞれの児童生徒に対し，'学ぶ楽しさ'よりも前に'生きる喜び'を教えるべきものと考える。部活や習い事，塾など，そして個々の趣味や関心の対象に多くの生活時間とエネルギーを割かざるをえない児童生徒にとって，教科書はもっとも身近な基本的読書材であり，多種多様なジャンルの読書へ誘う ものであってほしい。数学の教科書からガロアに，理科の教科書からエジソンに，社会科の教科書からグロチウスに，音楽の教科書からチャイコフスキーに関心をもち，彼らの伝記等を読み，さらにその学問領域への興味をかきたてるといったことがあってよいと思う。先進諸国のなかで伝記文学が比較的に低調なのは，日本の学校教育のあり方にも影響されているように感じられる。

　高校に用いられる程度の各分野の教科書であれば，放送大学等の教科書と同じように，生涯学習社会の今日，社会人の読書にも大いに役立つはずである。教科書出版を専業とする出版社もこれまでのノウハウを活かし，社会人学習者

を読者に取り込むことを考えてもよいであろうし，一般の出版社もそれぞれの教科目の面白さを児童生徒に伝える'教科マニュアル'の体裁ではない，一定の冗長性をもつ教科書の編纂に取り組んでもよかろう。

第2節　学校図書館法

　学校の教室では，教育の効率から，良くも悪くもなんらかの教科書を用いざるをえない。教科書に基づく一斉授業が児童生徒の一人ひとりに'補完的読書ニーズ'ないしは'発展的読書ニーズ'を呼び起こす。学校図書館法（昭和28.8.8法律185号）2条がいう「学校の教育課程の展開に寄与」する読書である。一方，同条には，学校図書館は各種教科の内容に直結する読書だけでなく，日常的な教室での学習とは離れた，児童生徒の「健全な教養を育成」する読書の推進にあたるべきことも定められている。また，同法4条1項3号によれば，「研究会，鑑賞会，映写会，資料展示会等」と並んで，学校図書館は'読書会'を実施することができる。

　議員提出法案であったこの法律が国会に提案された1953（昭和28）年，町村金五衆議院議員（改進党）は，参議院文部委員会でその提案理由を述べている。学校図書館の設置によって，「図書その他の教材教具が収集され，整理され，提供せられまして，その結果，児童生徒を指導いたします場合，著しく便宜が供せられ，学習指導の能率が高まり，自発的学習態度が養成せられ，以って個性の伸展と教養の向上に資すること，きわめて，顕著」[2]であると。

　日本の学校教育の場における児童生徒の読書活動振興に関する基本的法律は，学校図書館法である。1993（平成5）年3月，当時の文部省は，公立義務教育諸学校を対象とする「学校図書館図書標準」（表2-1を参照）を定め，同年その達成をめざして小中学校の現在の蔵書を1.5倍に増加させる「学校図書館図書5か年計画」をスタートさせ，約500億円を地方交付税で措置することとした（結果的には，前記「標準」を満たした学校図書館は少なかった）。そして，1997（平

表 2-1　学校図書館図書標準

公立義務教育諸学校の学校図書館に整備すべき蔵書の標準として，平成5年3月に定めたものである。

ア　小学校

学級数	蔵書冊数
1	2,400
2	3,000
3～6	3,000 ＋ 520 ×（学級数 － 2）
7～12	5,080 ＋ 480 ×（学級数 － 6）
13～18	7,960 ＋ 400 ×（学級数 － 12）
19～30	10,360 ＋ 200 ×（学級数 － 18）
31～	12,760 ＋ 120 ×（学級数 － 30）

イ　中学校

学級数	蔵書冊数
1～2	4,800
3～6	4,800 ＋ 640 ×（学級数 － 2）
7～12	7,360 ＋ 560 ×（学級数 － 6）
13～18	10,720 ＋ 480 ×（学級数 － 12）
19～30	13,600 ＋ 320 ×（学級数 － 18）
31～	17,440 ＋ 160 ×（学級数 － 30）

ウ　盲学校（小学部）

学級数	蔵書冊数
1	2,400
2	2,600
3～6	2,600 ＋ 173 ×（学級数 － 2）
7～12	3,292 ＋ 160 ×（学級数 － 6）
13～18	4,252 ＋ 133 ×（学級数 － 12）
19～30	5,050 ＋ 67 ×（学級数 － 18）
31～	5,854 ＋ 40 ×（学級数 － 30）

エ　盲学校（中学部）

学級数	蔵書冊数
1～2	4,800
3～6	4,800 ＋ 213 ×（学級数 － 2）
7～12	5,652 ＋ 187 ×（学級数 － 6）
13～18	6,774 ＋ 160 ×（学級数 － 12）
19～30	7,734 ＋ 107 ×（学級数 － 18）
31～	9,018 ＋ 53 ×（学級数 － 30）

オ　聾学校（小学部）

学級数	蔵書冊数
1	2,400
2	2,520
3～6	2,520 ＋ 104 ×（学級数 － 2）
7～12	2,936 ＋ 96 ×（学級数 － 6）
13～18	3,512 ＋ 80 ×（学級数 － 12）
19～30	3,992 ＋ 40 ×（学級数 － 18）
31～	4,472 ＋ 24 ×（学級数 － 30）

カ　聾学校（中学部）

学級数	蔵書冊数
1～2	4,800
3～6	4,800 ＋ 128 ×（学級数 － 2）
7～12	5,312 ＋ 112 ×（学級数 － 6）
13～18	5,984 ＋ 96 ×（学級数 － 12）
19～30	6,560 ＋ 64 ×（学級数 － 18）
31～	7,328 ＋ 32 ×（学級数 － 30）

キ　養護学校（小学部）

学級数	蔵書冊数
1	2,400
2	2,520
3～6	2,520 ＋ 104 ×（学級数 － 2）
7～12	2,936 ＋ 96 ×（学級数 － 6）
13～18	3,512 ＋ 80 ×（学級数 － 12）
19～30	3,992 ＋ 40 ×（学級数 － 18）
31～	4,472 ＋ 24 ×（学級数 － 30）

ク　養護学校（中学部）

学級数	蔵書冊数
1～2	4,800
3～6	4,800 ＋ 128 ×（学級数 － 2）
7～12	5,312 ＋ 112 ×（学級数 － 6）
13～18	5,984 ＋ 96 ×（学級数 － 12）
19～30	6,560 ＋ 64 ×（学級数 － 18）
31～	7,328 ＋ 32 ×（学級数 － 30）

成9)年,学校図書館法を改正し,2003(平成15)年度より12学級以上の小中学校,高校に司書教諭の配置を義務付け,司書教諭を児童生徒の読書や調べ学習のパートナーとした。

その後,文部科学省は,2002(平成14)年度から再び毎年約130億円,総額約650億円を5年間にわたって地方交付税を措置する「学校図書館図書整備の5か年計画」に取り組むことになった。この措置は,次にふれる2001(平成13)年12月に公布・施行された「子どもの読書活動の推進に関する法律」の制定を受けて,実施された施策の一つであった。

第3節 子どもの読書活動の推進に関する法律

2006年8月現在,日本の各地の584の地方自治体において,保健所や保健センターの乳幼児健診の際に,図書館職員が乳幼児に絵本をプレゼントするブックスタート事業が行われている[3]。'ブックスタート'(Bookstart)というのは,乳幼児に向けてその親が絵本を読む運動のことである。この運動は,1992年,イギリスのバーミンガムにおいて始まったされる。

少子高齢化社会ということもあってか,ブックスタートに限らず,学校教育の範囲を超えて,子どもの読書活動に対する社会の関心が高まっている。1999年の国会決議は,翌2000年を'子ども読書年'と定めた。この2000年1月には,国立国会図書館の支部図書館として日本ではじめての国立の児童書専門図書館である'国際子ども図書館'がオープンした(全面開館は2002年5月)。この国際子ども図書館は,子どもの読書にかかわる活動を支援するナショナルセンターとして位置づけられている。

当初,国際子ども図書館の図書整備費を充実させようと'国際子ども文化基金'が構想された。その構想の延長上に,独立行政法人国立オリンピック記念青少年総合センター法の一部を改正し,2001年に体験学習などと並んで子どもの読書活動に財政支援を与える'子どもゆめ基金'が実現した(現在は,独立

行政法人国立青少年教育振興機構法（平成11年12月22日法律167号）11条1項7号ロが根拠規定となっている）。

　上に述べたような子どもの読書に対する関心の高まりを背景として，2001（平成13）年に超党派の議員立法で子どもの読書活動の推進に関する法律（平成13.12.12法律154号）が成立した（当初は予算措置をともなわない理念法として構想されたが，すでにふれた通り地方交付税措置を含むものとなった）。この法律は11カ条と附則で構成される。この法律では‘子ども’を「おおむね十八歳以下の者」としている（2条カッコ書き）。そこでは「読書活動は，子どもが，言葉を学び，感性を磨き，表現力を高め，創造力を豊かなものにし，人生をより深く生きる力を身につけていく上で欠くことのできないものである」と認識されている（2条）。そして，「子どもがあらゆる機会とあらゆる場所において自主的に読書活動を行うことができるよう，積極的にそのための環境の整備が推進されなければならない」と述べられている。子どもたちは，平等原則を定める憲法14条が保障する機会均等の読書環境を享受しうることが望ましいとされているのである。

　そして，国には「子どもの読書活動の推進に関する施策を総合的に策定し，及び実施する責務」（3条）が課され，地方公共団体にも，「国との連携を図りつつ，その地域の実情を踏まえ，子どもの読書活動の推進に関する施策を策定し，及び実施する責務」（4条）が課されている。また，民間の出版事業者等には，「子どもの健やかな成長に資する書籍等の提供」（5条）に努めるべしとの努力規定がおかれている。さらに，父母その他の保護者に対して，「子どもの読書活動の機会の充実及び読書活動の習慣化に積極的な役割を果たす」（6条）よう促している。関係する全方位を見渡し，漏らすことなく定めをおくという立法の美学からすれば当然の規定といえよう。本条は，具体的には，親が子どもたちに対して本を買い与えたり，子どもを公共図書館に連れて行くなど読書機会の提供に努め，また親が読み聞かせや一緒に同じ本を読むなどの‘親子読書’を行うことを期待しているのであろう。一般にはなるほどと思われるかもしれない

が，この条文が想定している家庭生活における読書は，幼児に絵本を与えることを超えて，比較的恵まれた家庭をのぞいて，現実にはどの程度実現しうるものなのだろうか。女性の社会参加，社会進出が期待され，拡大する一方，核家族化が進行し，家計が窮屈になるなかで，子どもの成長にかまけられる専業主婦の層が侵蝕される傾向にあり，また企業競争の渦中で仕事に励む父親は子どもを気にかけつつも十分な接触をもちえない。そして，多くの子どもたちは夜半まで塾通いをしている。

　子どもの読書活動を推進しようとすれば，学校や公共図書館等に依存せざるをえない部分が大きく，行政がそこに注力することには十分な合理性がある。子どもの読書活動推進行政については，この法律の 7 条が「学校，図書館その他の関係機関及び民間団体との連携の強化その他必要な体制の整備に努めるものとする」との定めをおいている。そして，8 条は国に「子ども読書活動推進基本計画」を作成し，国会に報告したうえで，公表することを義務付けており，続く 9 条 1 項は都道府県に対して「都道府県子ども読書活動推進計画」を，同条 2 項は市町村に対して「子ども読書活動推進基本計画」の作成と公表を努力義務としている。10 条は 4 月 23 日[4]を'子ども読書の日'としている。11 条は，国および地方公共団体に対して，「子どもの読書活動の推進に関する施策を実施するため必要な財政上の措置その他の措置を講ずる」ことを求めている。

　本法 8 条の定めにしたがい，政府は，2002（平成 14）年 8 月，本文 18 頁の「子どもの読書活動の推進に関する基本的な計画」[5]を閣議決定した。そこでは，地方自治体に「子ども読書活動推進計画」の作成を促しており，また公立図書館について読み聞かせ等の実施，ボランティアの参加の促進，障害児への図書館サービスの充実を求める一方，必要な図書資料の計画的な整備や，児童室等子どもが読書を行うために必要なスペースの確保等に努めることを要請している。また，この国はそもそも公共図書館の整備自体が不十分であるところから，公立図書館の未設置自治体の解消，公立図書館の増設を要請している。学校に対しては，読み聞かせや「朝の読書」などを通じて，子どもの読書に親しむ態

度を育成し，読書習慣の形成をはかることを期待している。

　学校図書館に関しては，公立義務教育諸学校（公立小中学校とそれらと同等の学校）に対して，国が措置する学校図書館図書整備5か年計画（平成14年度から平成18年度まで）の地方交付税措置の活用等によって，蔵書の充実をはかり，（前掲の）学校図書館図書標準の早期の達成に努めるべきことをうたっている。また，司書教諭配置の推進とその計画的な養成についても言及している。

　子どもの読書活動の推進について啓発広報する手段の一つとして，'子ども読書の日'のイベント実施をはたらきかけようとしているほか，学校，図書館，教育委員会，健康・福祉行政担当部局等の関係行政機関，民間団体等の関係者からなる総合的な推進体制を整備するよう求めている[6]。

　ちなみに，文部科学省が実施した「『都道府県子ども読書活動推進計画』および『市町村子ども読書活動推進計画』の策定状況に関する調査」によれば，2005（平成17）年3月31日現在，「都道府県子ども読書活動推進計画」は45都道府県ですでに作成され，残る2県についても，平成17年度中の策定を予定されていた（現在では，山形，高知の両県でも作成済）。また，「市町村子ども読書活動推進計画」については，すでに184市町村が作成し，作成作業を進めているが289市町村，検討中が1063市町村とされる。

　ここで'行政計画'についてひとこと記しておくことにしたい。限られた資源を活用して，一定の行政目的を段階的，かつ確実に実現してゆくために'行政計画'が作成され，それにもとづき個々具体の関係事務事業，プログラム等を時間的，空間的にも有機的に連携させながら配置，実施してゆくことができ，民間の関係活動を誘導することができる。たとえば，地方自治法（昭和22.4.17法律67号）2条4項は，「市町村は，その事務を処理するに当たっては，議会の議決を経てその地域における総合的かつ計画的な行政の運営を図るための基本構想を定め，これに即して行なうようにしなければならない」と定めている。ここにいう'基本構想'は，一般に「総合（振興）計画」と呼ばれており，それぞれの地方自治体が向こう10年の理想的なまちづくりをめざして，多岐に

わたり錯綜する行政作用，行政サービスにプライオリティ（優先順位）をつけ，縦割り行政の弊害を除去し，財政破綻しているなかでの効率的で合理的な総合行政を確保しようとするものである。ところが，多数存在する法や条例が国，自治体に作成を要求する'行政計画'のなかには，既存の関係事務事業をやみくもにひろいあげ，羅列するだけの'パッチワーク計画'で，固有の明確な理想と目標を掲げず，新機軸も打ち出せないものも少なくない。日本には，計画作成の担当を押し付けられた職員がサービス残業を繰り返し，パブリックコメントを受け付けて，ようやく出来上がった行政計画が予算折衝や組織再編，事務事業等の見直し，再配分にほとんど役立てられず，次第に忘れ去られ，文書庫のなかでほこりをかぶる，行政の体面を守る役割を担うだけの，アリバイづくりの行政計画がないわけではないように思われる。中央集権的国家構造を反映した国と地方公共団体を串刺しする3層の「子ども読書活動推進計画」がそのようなものではなく，有効に機能する行政計画であることを祈りたい。

第4節　文字・活字文化振興法

　2003（平成15）年7月，OECD（経済協力開発機構）が行った各国の高校生を対象とする'生徒の学習到達度調査'の結果を報告した[7]。この調査は，日本の高校生の読解力の低下傾向を見事に指摘した。読解力は読書不足，あるいは文章を読む読み方の問題ともとらえられよう。本が売れない構造的な出版不況も考慮されてか（一方で，市民の公共図書館利用は伸びている），読書離れは高校生にとどまらず，国民全体の問題とも意識されたようである。このような憂うべき状況を背景として，またしても超党派の議員立法の動きが浮上し，出来上がったのが文字・活字文化振興法（平成17.7.29法律91号）である。12カ条と附則からなる小さな法律であり，以下に略述するが，その構成は先に取り上げた子どもの読書活動の推進に関する法律と類似し，双子のような法律である。同じ人たちが立法を推進し，法制調査を担当したことから当然といえばいえる。

ここであらためて確認しておきたいことがある。読書行為は，大きく2種に分かれる。ひとつはケータイ小説を一方の極とする娯楽的読書行為で，いまひとつは教科書など情報知識を吸収しようとする学習ないしは調査研究的読書行為である。OECD調査が指摘した日本の生徒の読解力不足を改善するためには，雰囲気を楽しみレクリエーションを目的とする娯楽的読書行為よりも，論理的実証的思考が不可欠の学習・調査研究的読書行為の増強支援を主要な目的としなければならない（先に事実とデータ，論理の連鎖を内容とする一定のボリュームをもつ教科書を'読書'の対象とするべきだと述べたのは，このような趣旨に出ている）。もっとも，初等中等教育レベルの学習的読書行為が直接関係するところではないが，高等教育レベルの調査研究的読書行為にかかわる'読書材'については'学術的出版物の普及'という見出しを備えた10条が対応している。すなわち，「国は，学術的出版物の普及が一般に困難であることにかんがみ，学術研究の成果についての出版の支援その他の必要な施策を講ずるものとする」とあり，科学研究費補助金の出版助成を想起させる。しかし，学術出版助成は著作者と潤沢に研究費が費消できる人たちには意味があるが，図書館の資料費が手当てされなければ学生や院生，市民に裨益するところは小さい。
　文字・活字文化振興法においては，'文字・活字文化'という概念は，「活字その他の文字を用いて表現されたもの（='文章'）を読み，及び書くことを中心として行われる精神的な活動，出版活動その他の文章を人に提供するための活動並びに出版物その他のこれらの活動の文化的所産をいう」（2条）と定義されている。言葉尻の揚げ足を取るようであるが，いまや'活字'を用いる活版印刷が行われることはほとんどなく，大半はコンピュータに大きく依存するオフセット印刷となっている。ノスタルジックな言葉遣いのように思えるが，要するに，読書，作文ないしは著述活動，出版産業，著作物に関して定めている法である。個々の定めを見ると，話し言葉を除く，書き言葉による言語生活の充実と出版産業の振興，および著作物へのアクセスを保障する図書館の物的な施設面の拡充とサービスの質的向上を支える専門的職員の適切な配置といった

図書館振興，児童生徒に「読む力及び書く力並びにこれらの力を基礎とする言語に関する能力」すなわち'言語力'なるものを涵養する学校教育の整備と学校図書館の充実などが，どうやらこの法律のいう具体的な'文字・活字文化'振興施策のようである。これらの「文字・活字文化の振興に関する施策の総合的な推進」をはかれば，日本においては「知的で心豊かな国民生活及び活力ある社会の実現」に近づくのだそうである。

個別の規定に踏み込むことにしよう。3条1項は，本法の実施によって，すべての国民にとって，「その自主性を尊重されつつ，生涯にわたり，地域，学校，家庭その他の様々な場において，居住する地域，身体的な条件その他の要因にかかわらず，等しく豊かな文字・活字文化の恵沢を享受できる環境」の整備が期待されるとしている。そこで唱えられている'等しく豊かな文字・活字文化の恵沢を享受できる環境'というのは多くの出版物が流通し，十分な公共図書館，学校図書館等が整備され，一定水準の日本語にかかる言語教育を行う学校教育が日本国中にいきわたっている状況を意味しているのであろう。言うのは簡単であるがそう容易に実現できるものではなかろう。3条2項には，「文字・活字文化の振興に当たっては，国語（＝日本語）が日本文化の基盤であることに十分配慮されなければならない」とある。そのことに異論はないが，日本語に限らず，自然語は時代と社会の変化により大きく変容する。グローバル社会の言語は，いずれの国語においても，未知の概念については，特定の外国語のニュアンスを既存の母国語体系のなかで無難に，かつ正確にうつしとることが出来ない場合，外国語そのままの発音，ないしはそれに近い発音で受容せざるをえないことがある。日本語では，そのようなとき一般にカタカナ表記を余儀なくされる。無理矢理，半可通の漢語等に置き換える愚を繰り返すことは，言語文化の健全な発育に望ましいとは思えない。

同法3条3項は，「学校教育においては，すべての国民が文字・活字文化の恵沢を享受することができるようにするため，その教育の課程の全体を通じて，読む力及び書く力並びにこれらの力を基礎とする言語に関する能力（以下

「言語力」という。）の涵養に十分配慮されなければならない」と定めている。'言語力'という'法的な言葉'が新しく造語されている。'読む力及び書く力並びにこれらの力を基礎とする言語に関する能力'を'言語力'と定義しているが、これは従来「国語」教育を中心に行われてきたことではないか。現在の児童生徒の'言語力'が低下したというのであれば、これまでの国語教育を中心とするこの国の初等中等教育のあり方を反省し、児童生徒が潜在的にもつ言語能力を効果的に賦活する学習プログラムの構築をめざすべきであろう。「教育の課程の全体を通じて」というのであれば、すべての教科の教科書を主体とする教材、教員と児童生徒のコミュニケーションが織り成す授業が児童生徒の'言語力'を高める仕組みをつくり上げなくてはならない。'学校教育における言語力の涵養'という見出しをもつ8条がそれに応える規定と思われる。その1項には'公教育'の主体である「国及び地方公共団体は、学校教育において言語力の涵養が十分に図られるよう、効果的な手法の普及その他の教育方法の改善のために必要な施策を講ずるとともに、教育職員の養成及び研修の内容の充実その他のその資質の向上のために必要な施策を講ずるものとする」と定められている。もっとも、この文字・活字文化振興法については、同法の授権をうけた施行令、施行規則などの下位法令は目にしたことがないが、既存の教育行政の枠組みで行われるようで、第三者には主務官庁の新たな行政努力が明確に見て取れるかたちにはなっていない。同条2項には、「国及び地方公共団体は、学校教育における言語力の涵養に資する環境の整備充実を図るため、司書教諭及び学校図書館に関する業務を担当するその他の職員の充実等の人的体制の整備、学校図書館の図書館資料の充実及び情報化の推進等の物的条件の整備等に関し必要な施策を講ずるものとする」とある。学校図書館のすべての側面の整備が児童生徒の言語力の育成には不可欠であるとの認識が示され、司書教諭にとどまらず、'学校図書館に関する業務を担当するその他の職員'とあり、これはこれまで制度的には'日蔭の存在'であったいわゆる'学校司書'に直接言及している。ここでうたわれている'必要な施策'の積極的実施を保障す

る現実の仕組みはつくられていない。

　文字・活字文化振興法は、ここまで解説を加えた諸規定のほかに、国の「文字・活字文化の振興に関する施策を総合的に策定し、及び実施する責務」を定めた規定（4条）、地方公共団体につき「国との連携を図りつつ、その地域の実情を踏まえ、文字・活字文化の振興に関する施策を策定し、及び実施する責務」を定める規定（5条）、国および地方公共団体に対する「図書館、教育機関その他の関係機関及び民間団体との連携の強化その他必要な体制の整備」に取組むべしとの努力規定（6条）、国と地方公共団体の公共図書館等の整備等を定めた規定（7条）、外国出版物の日本語への翻訳と国内文献の外国語訳を通じての'文字・活字文化'にかかわる国際交流の推進を定めた規定（9条）、10月27日を'文字・活字文化の日'とする規定、および国及び地方公共団体の関係施策実施のための財政上の措置等の努力を促す規定（12条）をおいている。文字・活字文化振興法は、そのほとんどすべての条文が国と地方公共団体についての努力目標である'プログラム規定'を連ねたもので、この法律によって新たに生まれたのは'文字・活字文化の日'だけであるといえば言い過ぎか。

第5節　文化芸術振興基本法

　本章でこれまでに取り上げた法律と制定時期としては前後するが、読書推進行政といささかでもかかわりをもつ法律のひとつとして、文化芸術振興法（平成13.12.7法律148号）を紹介しておくこととする。

　この法律もまた2001（平成13）年11月、超党派の議員提出法案として国会に上程され、成立したものである。'基本法'という名称を付したせいか、いかめしい700字を超える前文を備えている。法律題名にある'文化芸術'については、直接それに言及する定義規定はおかれていない。しかし、'芸術の振興'という見出しをもつ8条は「文学、音楽、美術、写真、演劇、舞踊その他の芸術」をあげ、'メディア芸術の振興'を掲げる9条は「映画、漫画、アニ

メーション及びコンピュータその他の電子機器等を利用した芸術」に言及し，'伝統芸能の継承及び発展'を定める10条は「雅楽，能楽，文楽，歌舞伎その他の我が国古来の伝統的な芸能」を対象とし，'芸能の振興'に向けられた11条は「講談，落語，浪曲，漫談，漫才，歌唱その他の芸能」を取り上げ，'生活文化，国民娯楽及び出版物等の普及'という見出しの12条は「茶道，華道，書道その他」を内容とする'生活文化'と「囲碁，将棋その他」の'国民娯楽'，および「出版物及びレコード等の普及」について述べている。この文化芸術振興基本法の守備範囲はきわめて広範囲にわたる。

　総花的な構成をもつこの法律のなかで，'日本語教育の充実'をうたう19条はもっぱら外国人に対する日本語教育についての定めであるが，'国語についての理解'を定める18条は国の「国語教育の充実」に必要な施策の実施を求めている。その具体的な内容については，7条1項の定めに基づき2002（平成14）年12月に公表されたおおむね5年間の計画期間をもつ「文化芸術の振興に関する基本的な方針」[8]にうかがうことができる。そこでは，まず「学校教育全体を通じて，国語力を向上させる取組が十分に行われるよう努める」とある。ここでは'言語力'ではなく'国語力'という言葉が使われている。そして，「生涯を通じて国語力を身に付けていく必要がある」ことから展開されるべき施策の一つとして「分析力や論理的思考力，表現力，創造力など，これからの時代に求められる国語力や，そのような国語力を身に付けるための具体的方策について明らかにし，家庭，学校，地域を通じて，総合的に国語教育の質的量的充実が図られるよう，新しい時代に向けての国語力向上施策を推進する」と述べられている。ここで言われていることは，学校教育において，効果的で有効な読書推進行政を展開するということと同義だと理解できる。

第6節　児童の権利に関する条約

　ここまで児童生徒の読書活動推進施策にかかわる主要な国内法について検

討してきた。条約に眼を向けると，日本が1994（平成6）年4月22日に世界で158番目に批准した児童の権利に関する条約（子どもの権利条約）（平成6.5.16条約2号）がある。この条約で'児童'とされるのは，「18歳未満のすべての者」である（1条）。そして，6条2項には「締約国は，児童の生存及び発達を可能な最大限の範囲において確保する」，および28条には「教育についての児童の権利を認める」とあり，その日本政府に要請されるところには，初等中等教育において児童の'言語力'や'国語力'の発達を支援することも含まれるであろう。13条の定める児童の表現の自由，14条にいう児童の思想，良心の自由を豊かなものとするためにも，国が児童の読書活動を推進することにかかわるものと思われる。17条（c）号は児童の情報資料の利用確保のために「児童用書籍の作成及び普及を奨励する」締約国の責務にふれている。

むすび

　本章では，主として日本における児童生徒の読書活動を推進するうえで関係のある法制度を概観した。近年になって，児童生徒の活字離れ，読書離れが進行し，'読解力''国語力'や'言語力'が低下し，これらの由々しき事態，新たな教育行政ニーズに対応せんがために，にわかに関係する法律がことごとく超党派の議員立法によって成立したとの印象をもたれる方が多いように思う。しかるに，これらの法律の現代的意義は十分に認識しているが，従前，児童生徒の読書活動の推進にかかわる法制度がなかったわけではない。

　学校教育法（昭和22.3.31法律26号）18条4号は小学校において「日常生活に必要な国語を，正しく理解し，使用する能力を養うこと」と定めていたし，36条1号は中学校では「小学校における教育の目標をなお充分に達成して，国家及び社会の形成者として必要な資質を養うこと」とあり，また42条1号は高校教育の任務が「中学校における教育の成果をさらに発展拡充させて，国家及び社会の有為な形成者として必要な資質を養うこと」と定めており，これらの諸規定に基づき，下位法令や学習指導要領が各校種の国語教育の内容を定めて

きた。そこには読書教育も当然包含されてきた。

　また，図書館法（昭和25.4.30法律118号）もまた3条4号に「他の図書館，国立国会図書館，地方公共団体の議会に附置する図書室及び学校に附属する図書館又は図書室と緊密に連絡し，協力し，図書館資料の相互貸借を行うこと」，同条8号に「学校，博物館，公民館，研究所等と緊密に連絡し，協力すること」とあり，学校図書館を含む学校教育で行われる児童生徒の読書活動に対する公共図書館の支援をうたっていた。

　すなわち，近年の華やかな雰囲気をもつかのように見える児童生徒の読書活動の推進を訴えるいくつかの法律は，児童生徒の読書活動の推進にかかわる部分については，立法としては格別新しい内容をもつものではなく，内容的には相互に重複しており，従前の法に屋上屋を重ねるもので，従来の児童生徒に対する読書推進行政が十分な成果をあげてこなかったことを裏書するものにすぎない。

　'ゆとりの教育'がゆとりのない教育現場を生み出し，多くの児童生徒は正規の学校と塾とのダブルスクールを強いられ，シリアスな学習は塾に'委任'されている現状を抜本的に見直さないかぎり，本当の意味での児童生徒に対する有効な読書推進行政は実行しえないように思う。子どもの能力は学力にとどまるものではない。多様な教科目を設置するのではなく，子どもの多様な能力を発現させる教育が望まれていると思う。児童生徒の読書に関しては，学習的・調査研究的読書行為にとどまらず，娯楽的読書行為の一部もまた正規の教科教育のなかでこそ実現されるべきものである。　　　　【山本　順一】

注
1) 「朝日新聞」2006年10月7日朝刊 e1-2「愛の旅人：東シナ海の波を越えて」17世紀，中国福建省の政治権力をほしいままにした大海賊の頭目　鄭芝龍 '読書' 儒教の教えを身につけること。
2) 『学校図書館法の解説』（日本図書センター，2002年）p.113（日本現代教育基本叢書　教育基本法制コンメンタール31）

3) http://www.bookstart.net/index.html
4) 4月23日は，スペインのカタルーニャ地方では'サン・ジョルディの日'と呼ばれ，この日に本を贈る風習がある。また，この日はシェークスピアとセルバンテスの命日でユネスコがこの日を「世界本および著作権の日」に指定している。日本では，社団法人読書推進運動協議会がこの日を初日に'子ども読書週間'と定めている。
5) http://www.mext.go.jp/a_menu/sports/dokusyo/hourei/cont_001/003.pdf　子どもの読書活動の推進に関する法律をたんなる'理念法'にとどめず，地方交付税措置という財政支援をするためにはその根拠となる'行政計画'が必要だったとされる。
6) 白川弘基「子どもの読書活動の推進に関する法律」法令解説資料総覧286号（2005.11）p.44.
7) 国立教育政策研究所編『生きるための知識と技能2　OECD生徒の学習到達度調査/PISA2003年調査国際結果報告書』ぎょうせい，2004年
8) http://www.mext.go.jp/a_menu/bunka/houshin/main4_a8.htm

参考文献
・『学校図書館法の解説』（日本図書センター，2002年（日本現代教育基本叢書　教育基本法制コンメンタール31）—復刻）
・『学校図書館法による学校図書館の設備と運営』（日本図書センター，2002年（日本現代教育基本叢書　教育基本法制コンメンタール32）—復刻）
・日本図書館協会編『「子どもの読書活動の推進に関する法律」を考える：シンポジウム記録』（日本図書館協会，2002年）

第3章　読書教育の歴史

　読書教育についての明確な定義はないが，読書を通して豊かな人間形成をはかるための教育的活動の総合体を一般には「読書教育」と呼んでいる。「読書指導」の概念もまたさまざまな角度や視点から定義されている。広義には，読書による人間形成という意味をもち，読書教育と同義に使用される。狭義には，読書教育の方法論とその実践的アプローチを中心として，人間形成のための読書する態度，知識，技術能力，興味，習慣等の形成，開発の指導をいう。阪本一郎は，「各個人が，自己についての認識にもとづいて，図書資料を媒体として，自己の生活を充実し，社会的に適応した読書人格を形成するのを計画的に援助する教育的な働きである」[1]と述べ，滑川道夫は「自己の人生を読書によって充実させ，現代社会生活に適応する読書力と，読書による人間形成（教育）を意図的・具体的・計画的に助成する指導である」[2]と定義した。ここでは，読書教育をその場の状況に応じて実践していくことを「読書指導」と呼ぶ。

　近年，子どもたちの読書活動を推進するためのさまざまな取り組みや施策が行われている。学校教育の場においても，「生きる力」の育成や「心の教育」が重視されるなかで，人間形成にとっての読書の意義が大きくクローズアップされてきた。授業でも，子どもたちに読書の楽しさを伝え読書に親しむ習慣をつけさせようと，読書のもっている遊びの要素に関心が払われるようになってきた。戦後本格的に始まったわが国の読書指導は，半世紀を越える歴史の中でさまざまな議論を重ねながら多様化の方向へと進んでいる。

　本章では，子どもに対する読書教育の観点とその実践がどのように変遷してきたのかを概観する。

第 1 節　子どもの読書状況と読書環境の変化

　すでに何年も前から，インターネットや携帯電話などの新しいメディアの普及にともない，子どもたちの読書離れや活字離れに拍車がかかっているのではないかと危惧されてきた。全国学校図書館協議会は，毎日新聞社と共同して1955（昭和30）年以来毎年，全国の小・中・高等学校の児童生徒の読書状況について調査を行っている。これまでの調査結果では，中学生・高校生は1970年代を，小学生は1980年代をピークにして平均読書冊数の減少傾向が続いていた。しかし，2002年を転機として徐々に回復の兆しを見せている。

　第48回（2002年）の学校読書調査結果によると，2002年5月の1カ月間に読んだ本の平均冊数は，小学生は7.5冊，中学生は2.5冊，高校生は1.5冊であった。1990年代を通し，減少傾向をたどってきた平均読書冊数から比べると，小・中・高とも大きく増加している。小学生の伸びはとくに著しく1999年についで第2位となった。中学生は1977年に並んで第1位，高校生は1990年の時点まで回復した。さらに第50回（2004年）の平均読書冊数は，小学生は7.7冊，中学生は3.3冊，高校生は1.8冊である。中・高校生の冊数が大きく伸び，と

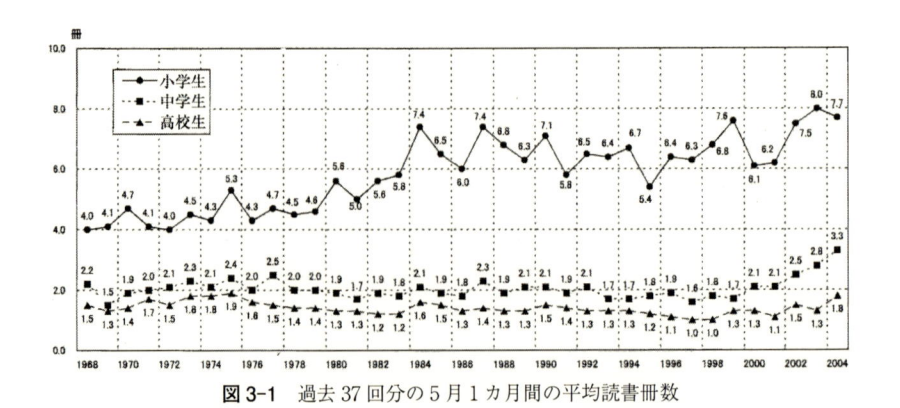

図3-1　過去37回分の5月1カ月間の平均読書冊数

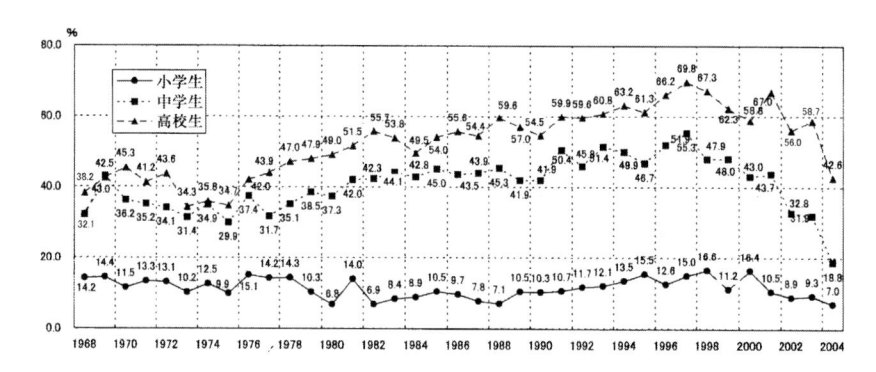

図 3-2 過去 37 回分の不読書（0 冊回答者）の推移

くに中学生は第 4 回調査について高い数値を示した。

　調査では，5 月の 1 カ月に読んだ本が 0 冊と答えた児童生徒を「不読者」と呼んでいる。平均読書冊数の減少は，この不読者の増加と密接に関係している。高校生の不読者の数は 1980 年代から 5 割を超え，1990 年代では 7 割近くに昇ることもあった。中学生の不読率も 1980 年代からは 4 割以上となり，1990 年代には時に 5 割を超えた。小学生の不読率は 1980 年代ではおよそ 1 割以下であったものが，1990 年代に入ると 1 割を大きく超える数字になった。最も不読者が多かったのは，高校生では 1997 年の 69.8%，中学生では同年の 55.3%，小学生では 1998 年の 16.6% である。こうして，1980 年代から 1990 年代にかけては，読書の喜びを一度も味わうことがないまま大人になってしまういわゆる「読書しらず」の子どもたちの急激な増加が深刻な問題となった。しかし，平均読書冊数と同様，2002 年にはこの状況が好転し，不読者の割合は小学生 8.9%，中学生 32.8%，高校生 56.0% へと減少した。とくに，中学生，高校生は，前年値の 10% 以上も下がる結果となっている。2004 年の調査結果では，不読者の割合は，小学生 7.0%，中学生 18.8%，高校生 42.6% と減少し，高校生は久々に 50% を切った。

　これらの結果は，読書活動を推進するためのさまざまな施策や，読書活動の

充実を盛り込んだ学習指導要領のもとでの読書指導，また全国で広がりを見せている「朝の一斉読書」等の影響によって，子どもたちの読書活動の衰退に歯止めがかかり好転してきたのではないかとみられている。

第2節　子ども文化と読書教育

a. 子どもと「よい本」

　子どもの読書には，「読みたいもの」を「読みたいとき」に読むという傾向があるといわれる。子どもは，宿題や調べ学習などの必要に迫られて本を読み，それがきっかけとなって興味をもつようになる場合もあるが，大人と違って，強制的あるいは意識的に読書をするということはまれである。とくに幼児期の子どもは，読書が心から楽しめるものでなければすぐに放棄してしまうだろう。学年が低いほど，読書の本質は楽しみにあるということができる。

　しかし，本来楽しいはずの読書が，いつの時代にも子どもたちに奨励されていたというわけではない。近代以降，新たな子ども観の登場によって，子ども本来の楽しい読書が著しく制限されてしまったとの見方がある。日本においても19世紀末から20世紀にかけて，子どもは大人とは異なる独自の存在であり，保護され教育されなければならないものという，いわゆる「近代的な子ども観」が提唱され紹介されるようになった。そうした子ども観のもとでは，「子ども性」が尊重されその発達が保障されなければならず，子どもには良質で高級な文化が選別され与えられなければならないと考えられた。その結果として，子どものわくわく・ドキドキするような読書の興奮が狭められてしまったのだという。

　加藤理は，明治末期から大正時代にかけての子どもの読書状況を考察し，次のように述べている。「子どもたちが夢中になって読んでいた，ただ単に面白おかしい読み物は，低俗で大衆的な文化として排除され，子どもたちには，ためになる本として大人が公認した「よい本」だけが与えられた。そして，子ど

もにとっての「よい文化」が，大人の目線で見た「よい文化」でしかなく，読みものの場合，文学性の高い芸術的に価値あるものだけを尊重し，それ以外のものを排除してしまうことになった。その結果，「文化にとって重要な要素であるはずの＜おもしろさ＞が，その価値観のなかで否定され排除されることになった。」3)

　同様の観点から，飯干陽は，「読書」と「本をよむ」という表現の違いを通して，子どもの読書状況を説明する。それによると，明治期におけるいわゆるためになる本として大人が公認した本を読む行為は「書ヲ読ム」つまり「読書」にあたり，それ以外の推理小説や趣味的な本などを読むことは，大人から公認されず単に「本をよむ」として軽視された。大正期をへて第2次大戦期に至るまで長年続いたこの伝統的な読書に対する考え方は，楽しみのための読書を私的な享楽として時には後ろめたさをともなった消極的な活動へと追いやった。結果として，子どもの読書生活は不活発で矮小化したものになったのではないか。飯干は，戦前の学校に読書指導があったとすれば，それは学校に持っていっていい本といけない本を峻別したことだと述べる 4)。

　大正期には，子どもの個性を尊重し，全人間的成長をめざして自由主義教育を勧める学校や教師も現れ，その一環として読書指導や学級文庫づくりが行われることもあった。しかしそれらは一部の実践にとどまり，全体的・組織的な広がりをみせるには至らなかった。結局，戦前まで日本の学校教育の場においては，読書は修養的なものとみなされ，もっぱら教科書を読むことが中心となった。教科書は唯一絶対の教材であり，「お手本」として，子どもたちをその手本に同化させることがよい教育であると信じられていたのである。とくに戦時期にあっては，読書指導は子どもたちの意識を戦意高揚へと導く強力な手段となった。

b．子どもに対する読書指導の黎明期

　1945（昭和20）年の敗戦を境として，日本における教育の価値観は大きく変

化した。個人の尊厳を重んじ，真理と平和を希求する人間の育成が教育の目的となったのである。1948（昭和23）年発行の『学校図書館の手引き』（文部省）は，学校図書館の意義とその教育的役割を示し，読書指導も「生徒を読書に親しませながら，読書する心と，読書する力を育んで行く」ことにその主眼がおかれた。出版界では，『少年倶楽部』（講談社）をはじめとする児童雑誌の復刊や，1950年『岩波少年文庫』が刊行開始になるなど，出版活動が活発化した。阪本一郎は，読書指導は子どもの生活を指導し，彼らの人格を形成することの手段であるととらえ，子どもの読書と読書資料の多様性を認めるとともに，自発的な自由読書を重んじる読書指導の観点を提示した。

1950（昭和25）年に制定された図書館法のもとでは，司書の資格取得の条件として「児童に対する図書館奉仕」が必修科目の一つに定められた。これは，公共図書館の活動において児童サービスを重視するきっかけとなった。こうしたなかで，学校図書館協議会（1950年）が結成され，同年機関紙『学校図書館』の創刊，1952年『学校図書館基本図書目録』の刊行など，教員の読書指導への意欲や関心は急速に高まっていった。1953（昭和28）年8月には学校図書館法が制定されたことによって，子どもの読書や学校図書館の活用に対してさらなる関心が集まった。

一方，楽しみのための読書が軽視されるという傾向はなかなか消え去らなかった。根本正義は，「1950（昭和25）年前後にかけて，大衆的な児童文学や少年少女向けの雑誌が，その内容や子どもたちにとっての意義についての具体的な論及がなされないまま，学校や図書館の世界から娯楽読書として否定されていった」[5]と批判する。戦後のある児童図書館での来館者調査は，同時期における子どもの読書状況の一面が窺われ興味深い。調査は1949（昭和24）年の半年間，小学5年生から中学3年生の男女それぞれ約100名を対象に行われた。その結果からは，同学年の子どもたちには難度が高いと思われる参考図書も学習のために利用されたが，彼らが楽しみとして読むものは，必ずしも「程度が高く定評のあるもの」として大人たちが推薦した本ではなかった。当館員は，

挿絵入り本や冒険ものはぼろぼろになるまで読まれているのに，推薦にあげられたいわゆる良書が，ほとんど読まれずきれいに並んでいるのを見て，「子どもたちに読ませたいと推薦する本がいかに子どもたちからかえりみられないか」6) と述べ，子どもたちに「よい本」を与えたいという当時の大人たちの切実な願いと，その願いに反して，子どもたちの読書がそうした方向へ容易に向かっていかない状況への落胆と焦燥を示している。

c. 読書教育の高まりと読書指導の多様化

　日本経済の基盤が整備され成長をとげた1960年代後半から1970年代には，子どもをとりまく文化状況も変化した。進学率は上昇し，学校教育は知識詰め込み型の受験指導へと傾斜した。子どもたちが読書から離れがちになるなかで，読書の重要性と読書教育の必要性が再認識され，学校内外における読書推進の動きが活発化した。代表的な例として，1967年にはカリキュラムのなかに「読書科」を設ける学校が現れたこと，同年，教育課程審議会に向けて「読書の時間」の特設や学校図書館の利用を訴えた要請書が文部省に提出されたこと，鹿児島県立図書館長であった椋鳩十（むくはとじゅう）の提唱による「母と子の20分間読書」(1960年) に触発された親子読書運動や地域の文庫活動が発展したこと，さらに読書運動関係の諸団体（日本親子読書センター (1967年)，日本子どもの本研究会 (同年)，親子読書地域文庫全国連絡会 (1970年)）が設立されたことなどがあげられる。

　1970年に刊行され，その後の公共図書館サービスの指針になった『市民の図書館』(1970年) にも，児童サービスの重要性がはっきりと示された。図書館設置を求める住民運動とあいまって図書館新設が促進され，児童室・児童コーナーの設置率も1960年代初めの35％から1975年には60％へと増加した。

　他方，読書教育に関心が寄せられその活動が顕在化していくなかで，楽しみのための読書と，人格形成や学力向上をうたう教育のための読書とが乖離しているという批判も現れた。たとえば，1978年，ある地区の図書館運営委員は次のように述べた。「古今東西の良い文化や教養，あるいはすばらしい人間の

心を育てる泉のような「本」に接する機会を与えてやることは，非常に良質・高級な，積極的な行動行為であって，「遊び」風情とは少々次元を異にするといわれることでしょう。(中略) しかし，私は読書と遊びとは所詮同じようなものだと思っています。」「読書を高級な人間として大事な (もの) などといわずに，楽しみの一つ，喜びや面白さを追う一つだと考えることから出発すべきでしょう。」[7]（カッコ内は著者が補記）。

1955年に全国学校図書館協議会と毎日新聞社によって実施されるようになった青少年読書感想文コンクールも，1962年からは課題図書が設定され，次第に広がりを見せ始めた。しかし，読書感想文の指導が全国的に展開される一方で，読後の感想や感動を他人に伝え共有するための自己表現であったはずの読書感想文本来の趣旨が生かされず，十分な読書活動が行われないまま宿題として課されたり，コンクールへの参加だけが目的となるようなケースも現れ，こうした形骸化に対する反省も促されるようになった。

しかし，同時期には，子どもの読書を推進する活動として，読み聞かせ，ストーリーテリング，ブックトークなどの新たな試みも着実に始まっていたのである。「読み聞かせ」という語は1998（平成10）年に改訂の小学校の学習指導要領に取り入れられたが，もともとは1960年代に盛んとなった親子読書運動から生じたものである。ブックトークやストーリーテリングは，1960年代アメリカで図書館学を学んだ渡辺茂生や松岡享子らによって日本に紹介され広められた。1960年代後半から70年代は，読書教育運動が高まるなかで読書指導がさまざまに論議されると同時に，読書指導の多様な方法が導入され模索されていった時期とみなすことができる。

d. 遊びの再考と読書

近年になって，「子どもの文化権」という視点から遊びの見直しが提唱され始めた。増山均は，遊びとは労働や学習からの精神的・肉体的開放のために必要なのではなく，また豊かな成長・発達のために不可欠であるのでもないと述

べ，子どもが遊びそれ自体のなかで楽しみを求め，歓びを求めることをありのままに承認することが必要であると説いた。そして，子どもの健やかな成長・発達のための必要不可欠の要素として，子どもの命・身体・心を守るプロテクシオン（保護）と，子どもの学力や技能を育てるエデュカシオン（育成），そして精神が伸びやかに輝くアニマシオン（魂の活性化）の3つがあると述べ，わが国においてはとくに最後のアニマシオンの領域が軽視されていると指摘した。

「子どもの成長・発達のためには，栄養のある食物の摂取によって，〈身体〉機能の発育が必須であり，科学的心理と人間的価値に裏づけられた優れた教材を学習することによって，〈頭脳〉を発達させ，知識を獲得することが必要であると同時に，人間性豊かな文化・芸術に主体的に参加することにより，〈精神〉を活性化させ，心（魂＝アニマ）を躍らせ（イキイキ，ワクワク，ハラハラ，ドキドキ）ながら楽しむこと，即ちアニマを活性化（アニマシオン）させつつ生活を楽しむことが不可欠なのである。」[8]

日本における読書指導に対しても同様の見方がでている。つまり，学校文化や近代的子ども観の影響のもとで子どもたちに提供されてきた文化は，プロテクシオンとエデュカシオンを重視するあまり，子どもが文化体験を果たしていくうえで不可欠な魂の躍動，すなわちアニマシオンが見落とされてきたのではないか，大人たちが子どもに推奨する「読書」に子どもたちが親しんでいくうえでも，物を読むことを通して〈アニマシオン〉を感じ，本を読むことの楽しさをまず知る必要がある，と考えられるようになったのである。

すでに，こうした考え方を読書指導の方法に生かし，読書を自主的に楽しむ子どもを育てるために「読書のアニマシオン」として実践していたのは，スペインのモンセラ・サルトである。サルトは，学習としての強制が子どもを読書嫌いにさせるのであり，本の面白さにまだ出会ったことのない子どもに対し，遊びを通して読む楽しさを体験する「場」を与えたいという思いからこれを始めたという。この実践は1990年代後半に日本にも紹介され全国に知られるようになった。

これらの主張や実践は，子どもたちをとりまく文化，とりわけ学校文化のなかでは，学習や勉学が楽しみよりも優先され，結果として子どもたちの読書意欲を狭めてきてしまったのではないかという反省にたち，従来の読書観に対する見直しの必要性を訴えるものであろう。次節では，学校教育のなかで，子どもたちに対する読書指導が実際にどのように行われてきたのかを振り返る。

第3節　学校教育における読書指導の変化

a.　学力重視のなかの読書指導

　学校における読書指導は，従来，国語教育と関連づけて考えられることが多かった。1958（昭和33）年，基礎学力の向上をめざして学習指導要領が改訂され，法的拘束力をもつようになった。1960年代は，この指導要領のもとで，経験学習から系統学習へと転換がなされた時代である。この時期，多くの学校図書館はまだ設備が不十分で，資料も乏しく，担当者は不在という状況にあった。したがって，学校教育のなかで学校図書館が読書指導の中心的立場になることはまれであった。一方，国語科においては，基礎学力の一つとしての読解力の低さが話題に上るようになり，学力向上を目的とした読書指導について盛んに論議が交わされるようになった。科学技術教育の振興を一つの旗印とした1958年版学習指導要領は，他教科学習の基礎としての説明的文章の読み取り力を高めることを国語科に期待した。そのため，1960年代の読書指導の中心は，国語科の「読むことの指導」という位置づけの中で，分析的で精緻な読解指導の方向へ向かっていった。

　定金恒次は，国語科における読書指導は，「読むことの能力を確実に伸ばしていくことを第一の目標とする」ので，これが他の領域，たとえば学校図書館，周辺教科，道徳，ホームルーム等で行う読書指導と本質的に異なる点であるととらえ，次のように述べた。

　「国語科における読書指導は，学校図書館や他教科で行う読書指導のよ

うに，生徒の自由や恣意は許されない。生徒が好むと好まざるとにかかわらず，画一的に読むことを強制するものでなければならない。(中略) 国語科における読書指導は，ある意味においては「読書」本来の姿—自主的，自発的に読む—を失っているかもしれない。しかし，このような読書体験を持たせることがやがては読書への関心と興味を開発し，主体的な読書生活への素地を養いうるものと考える。」[9]

b. 教科枠を超えた読書指導をめざして

1968（昭和43）年版学習指導要領では，行き過ぎた読解指導への反省として国語科における読書指導は「より全一的巨視的な読みの指導」が課題となった。しかし，読書指導を国語科中心で行うという考え方は変わらず，1970年代においても国語科における読書指導の議論は続いた。特徴的なことは，読解指導か読書指導かという単なる二元論的な意見ではなく，多様な意見が出されるようになったことである。そうした意見のなかには，国語科で読書指導を行うことに対しての疑問や，国語科における読書指導が他の領域の読書指導よりも優位に立つことの是非を問う声も見られる。

読書指導は，国語科の枠内でのみとらえられるものではなく，学校教育全体の中で指導内容が組み立てられ，それがすべての教師によって実践され積み重ねられるべきものであるという見方もあった。その観点のもとで，具体的指導方法を体系表として編成し実践したという報告[10]がある。しかし，その指導体系表は，あくまで国語科を中心としたものであり，学校図書館の主体的な指導についてはまったく触れられておらず，当時の学校図書館の未整備な状況と国語科中心であった読書指導の様子を暗示するものとなっている。

学校図書館の現場では，こうした状況に対する危機感も生まれた。1969年の学校図書館指導者研修会では，学習指導要領が狙う読書指導は国語科の目標を達成するための読解的な視点が強く，このことだけでは読書指導の本質である総合的，主体的な読書活動はできないという視点から討議がなされた。その

結果として，学校図書館を主体とする読書指導では人間形成をはかるために読書生活を高めるような指導をすること，また国語科における読書指導は読み取る力を高める基礎指導を行うこと，基礎指導の中に主体的な読書姿勢を育成するような指導も含まれることなどが確認された[11]。

また，国語科の枠内のみでの読書指導に対して，学校内外の読書教育実践家からも疑問が提示された。増村王子は，子どもの読書とは本来自由で奔放なものであるととらえ，読書指導を国語科のなかにのみ限定しようとする傾向や，その指導内容の画一化，硬直化を招くような指導要領の読書観や指導観を批判した。

　　「子どもの読書は自由読書，だからこそ子どもの日常生活全体の中で捉
　　えられなければならない。これらは，読解力の成長発達と無関係ではない
　　が，もっと広く，異質のものである。」[12]

倉沢栄吉は1970年代を振り返り，指導要領に盛り込まれた「基礎基本的事項」の指導重視という観点から，読解指導が重視され始めた結果，広く枠組みにとらわれない読書指導の考え方が，1975（昭和50）年前後を境として，ひどく手薄なものになってしまったと述べている[13]。

c. ゆとり教育のなかの読書指導

「ゆとり教育」をめざして1977（昭和52）年に指導要領の改訂がなされた。この影響もあって，1980年代は学校教育における読書指導の重要性も増大し，全校的・全体的な取り組みが必要との意識が向上した。学校図書館の整備と充実にも目が向けられ，司書教諭の配置をめざして学校図書館法改正の動きも活発になった。読書指導が，国語科あるいは国語科教諭を中心として実践されていたという状況は変わらなかったが，新しい傾向として，国語科教育のなかで「楽しみ読み」を重視しようとする考え方が現れた。1987（昭和62）年に文部省から出された『小学校・中学校における読書活動とその指導』には，読書活動の概念が「一人ひとりの主体的な学習活動において，情報や知識を収集し理解

して，それを組織立てて利用するいわば知識の生成と，その過程で行われる活動」であると記され，「読書活動の指導は，自己教育を援助すること，質の高い読書生活を営むことができるように教育することである。豊かな読書経験は，児童生徒の発達段階と個人差に応じ，教育的な価値に基づいて精選された読書資料を与え，それを読むという経験を得させることである」と述べられた。この時期，学校図書館はやはり司書教諭不在の状況にあったが，国語科を中心として教師たちの間には，学校図書館を活用して読書指導を実践しようとする動きも広まっていった。

d. 新しい学力観のもとで

1990年代は，「新しい学力観」をスローガンにして学習指導要領が改正された。改正の4つの柱は，豊かな心，自己教育力，基礎基本，国際理解の重視であった。今村秀雄は，これらはすべて子どもたちの読書活動や読書指導と深いかかわりをもっており，国語科のなかでも，日常の読書活動への配慮や，読書の習慣化への指導が求められるようになってきたことをあげ，「従来あまり触れられてこなかった，日常生活での読書活動への配慮がようやく中学校・高校でも文章化された点では前進」であるととらえた。そして，「本を読む喜びや習慣が養われるような，読書指導を展開するには，学校図書館，国語科，その他の教科，学級担任等とが，それぞれの指導計画を持ち寄り調整しながら全校の読書指導計画を立案し，展開することが必要」[14]であると主張した。

学校教育における読書教育についての再考を促す主張も見られるようになった。菊入三樹夫は，知の枠組みの閉鎖的・排他的性格と学校教育における読書の勧めは深くかかわっていると述べ，読書を道学的な学校知から開放し，読書を映画やゲームなどと同様に，「面白い」から読書するというかたちへ転換する必要があるだろう，と述べた[15]。また，田近洵一は「「ためにする」読書は，人を遠ざけるだろう。人はおもしろいから読書するのである」，「外から強制されることなく，自ら好奇心や追求心をかきたてながら読んで，初めて読書はお

もしろくなる」と述べ、読書は本来教育のためのものではないとの見解を示した[16]。

現在、読書は、①自ら学ぶ力・生きる力の育成のため、②国語力向上のため、の2点からとくに重要視されるようになった。国語科においても学習指導要領の改訂や、従来の「文学的な文章の詳細な読解に偏りがちであった指導」に対する反省から、「自分の考えをもち、目的に応じて的確に読み取る能力や読書に親しむ態度」の育成に重点が移ってきた。教科の教師たちは、これまで学校図書館において、学校図書館係教諭や学校司書等によって行われてきたブックトークや読み聞かせ等の実践を授業のなかに取り入れ始めた。学ぶ意欲の向上や「いきいき授業」「わくわく授業」をめざして、読書のアニマシオンなどの取り組みが、国語科のなかでも多々紹介されるようになってきている。

第4節　読書指導の発展と課題

a. 読書時間の確保：朝の10分間読書

「朝の10分間読書」とは、毎朝ホームルームや授業が始まる前の10分間、教師と子どもたちがそれぞれに自分の好きな本を黙って読むという実践である。これは、1988年に千葉県の高校教師2人の提唱と実践で始まった。実践には、①全校一斉に行う、②10分間という短い時間でも毎日続ける、③漫画と雑誌を除いて好きな本を読む、④本を読むこと以外は感想文や記録等は課さない、という4つの基本方針がある。しかし、それ以外には特別な方法やルールはない。活動がマスコミに取り上げられるようになり、運動は次第に広がった。1997年には「朝の読書推進協議会」が発足した。2005（平成17）年8月の時点における同協議会の調べでは、実施校の数は2万を超える。同協議会は、普及の要因として、評価と競争を求めない自由さが子どもたちに受け入れられたこと、2002年に遠山敦子文部科学大臣の「学びのすすめ」アピールで朝の読書の導入を求める発言があったこと、の2つをあげている。

朝の読書運動に対しては，指定された時間にいわば強制的に読書させられるということに，子どもたちの違和感はないのか，との意見もある。また，方針の一つとして掲げている「好きなもの」を「好きなように」読むということに対して，何の指導も必要ないのかという疑問もある。しかし，子どもと遊びの観点から考えれば，この朝の10分間読書の実践には，時間的な拘束という限界はあるものの，少なくとも従来の学校教育の中心となってきた，「大人が公認する本」を読むことが望ましいという読書観は姿を消している。

　読書調査（2002）で，本を読みたいのに読めない理由として，「遊び・スポーツなどで時間がなかった」という答えが，小学生で31.8％，中学生で41％，高校生で41.9％に達し，また，「勉強・塾・習い事などで時間がなかった」という答えが中学生で37.8％，高校生で42.1％に達していることを考慮すると，朝の10分間読書は，本を読む時間を子どもたちの生活のなかに保障し，読書を習慣づけるという点で有効な方法と考えられている。今後，活動を形骸化させずにどのように定着させていくかが課題である。

b. 遊びと読書を結ぶ試み：読書のアニマシオン

　読書のアニマシオンがめざすものは，複数の子どもたちと一緒に，一冊の本について理解し，楽しみ，深く考えることである。一冊の本をていねいに読むことは読書の楽しみを広げ，質を高めることにつながるが，一歩間違うと読書嫌いにしてしまいかねない。そこで，遊ぶ感覚で行われているかということが大切なポイントになる。

　日本においても，1997年にサルトの実践が紹介されてから，図書館や学校の授業などで取り入れられるようになった。日本における実践の特徴は，とくに授業のなかで積極的に導入された点にある。サルト自身は自由な読書という観点を重視するため授業のなかでは実践しないという方針であったが，日本では，子どもたちに楽しい授業を提供したいと願う教師たちが教室での実践にいち早くこの手法を取り入れた[31]。現在，日本でもさまざまな実践報告が発表

されるようになった。

　他方，読書のアニマシオンによって本当に個々人の内面化がはかれるのかという指摘や，授業のなかでの実践という際に自由参加という精神を生かした取り組みが成立するのか，あるいは通常の授業で生じうる競争や評価をどう解決するのかという疑問もだされている。アニマシオンの実行に際しての教師の負担も決して軽いものではない，さらにコミュニケーションの苦手な子どもへの配慮など，検討されるべき課題も残されている。日本の状況に合わせた楽しく創造的な読書のアニマシオンが定着してゆくためにも，さらなる実践と研究の積み重ねが求められる。

c. 読書指導の今後

　読書における遊びの要素は，学校教育において近年ようやく注目され始めたといってよい。遊びそのものとして読書を楽しむことこそ，本来の読書であるという主張や，遊びが読書への橋渡しではなく，読書そのものであるという主張もある。これらは，子どもたちの読書活動を推進しようとするものとして，常に心にとどめておかなければならない視点であろう。

　一方，出版不況を別にすれば近年の新刊書籍発行点数を見ると，増減率に波があるものの着実に増加し，1990年には4万576点，1995年では5万8310点，2000年には6万5065点，そして2005年には7万8304点という数値を示している。長年の経済不況のなかにあっても新刊書籍の出版量は少しも衰えていない。書籍総発行部数も1997年をピークに減少傾向にはあるが，2000年では14.2万点，2005年では13.7万点を超える[17]。こうした状況ばかりではなく，今や子どもたちの周囲には，テレビ，映画，ビデオ，インターネット，コンピュータゲーム，携帯電話など刺激的で多様なメディアが存在する。

　このような状況のなかで，好きなものを好きなように読めばよいといわれても，子どもたちはどうしてよいかわからないというのが実情であろう。情報社会のなかにあって，子どもたちが読書を楽しむためには，何らかの道案内はや

はり必要であると思われる。重要なのは，周囲の大人たちが，子どもが自らの感覚で面白いと感じる本を選択し，わくわく，ドキドキする心で読書を楽しむことができるよう援助できることは何か，またそこにはどのような課題があるのかを，自問し続けることであろう。

　さらに，学校図書館が子どもの読書教育の中心として機能を発揮できるように適切な職員配置や資料・設備の充実をはかっていくことも必要である。学校図書館は，教科や学級や部活動等の壁を超えて，子どもたちの学びと遊びという両方の視点から読書をとらえ指導を行うことのできる機関であり，学校教育の場においては特異で重要な存在である。学校図書館が，集団的な読書，目的的読書のみならず，自由な読書，選択的読書，個別的読書といった幅広い読書活動の場となり，子どもたち一人ひとりの興味・関心や能力に応じて多様な読書指導を行うことができるよう，その役割に対する周囲の認識と学校内での十分な支援体制とが求められている。　　　　　　　　　【若松　昭子】

注
1) 阪本一郎『読書指導―原理と方法―』(牧書店，1950 年) p.384.
2) 図書館教育研究会編著『読書指導通論』(学芸図書，1978 年) p.183.
3) 加藤理『駄菓子屋・読み物と子どもの近代』(青弓社，2000 年) p.178.
4) 飯干陽『日本の子どもの読書文化史』(あずさ書房，1996 年) p.101.
5) 根本正義「昭和の二十年代の読書論：娯楽としての読書の全否定について」『文学と教育』Vol.39, 2000 年, pp.64-68.
6) 石川春江「娯楽から学習への進歩：児童の読書傾向」『図書教育』Vol.1, No.1, 1949 年, pp.30-39 引用は p.31.
7) 加古里子「子どもの遊びを考える：遊びと読書」『教育評論』No.369, 1978 年, pp.62-65.
8) 佐藤一子・増山均共編『子どもの文化権と文化的参加』(第一書林，1995 年) pp.30-31.
9) 定金恒次「国語科における読書指導の特質をこう考える」『学校図書館』No.216, 1968 年, pp.44-47.
10) 橋本哲男「国語科を中心とした読書指導体系」『読書科学』11(2), 1968 年,

pp.66-77.
11) 『学校図書館』特集第8回指導者研修会報告 No.228, 1969年, pp.33-35.
12) 倉沢栄吉「読書及び読書指導の思想：昭和50年前後」『読書科学』26(2), 1982年, pp.51-55.
13) 増村王子「国語教科書と学校図書館の読書指導」『学校図書館』No.240, 1970年, pp.41-45.
14) 今村秀雄「国語科中心にすべての教科・領域で：新学習指導要領にどう対応したらよいか④読書指導の観点から」『学校図書館』No.463, 1989年, pp.39-46.
15) 菊入三樹夫「学校教育における読書指導の位置づけ：読書教育に潜むその問題点」『東京家政大学研究紀要』No.35(1) 人文社会科学　1995年, pp.79-88.
16) 田近洵一「読書のおもしろさの体験：『指導』の転換」『教育科学国語教育』No.523, 1996年, pp.107-110.
17) 『出版年鑑』2006年版、および『出版データブック 1945-2000』改訂版（出版ニュース社編・発行）2002年, p.255.

参考文献
・阪本一郎『読書指導事典―指導編』（平凡社, 1961年）
・黒澤浩［ほか］編『新・子どもの本と読書の事典』（ポプラ社, 2004年）
・若松昭子「遊びの視点から考える子どもの読書とその課題」『琉球大学教育学部紀要』第64集, 2004年, pp.347-359.

第4章　学校教育における読書の意義

　学校教育において，読書はあらゆる学習の土台となる活動である。そのため，読書の個人差は，学習の遅れの一要因としても考えてみる必要がある。読書がすべての子どもの学習に影響を及ぼすかどうかは，読書に関連する読解力など多くの能力や行動があり，また個人差にも影響されるところはある。ここでは，主として小学校から高等学校段階に至る各教科と読書との関係をいくつかの事例などとともに確認し，その意義を探っていくこととする。

第1節　教科教育と読書

　いわゆる「読書」を教科教育ごとに考えてみた場合，国語科教育以外における「読書」を取り入れた各教科教育の実践事例は，残念ながら数少ないのが現状ではある。ここでは，今後，各教科において取り組む際に参考となる読書活動のポイントについて，また，いくつかの実践や提案例を掲げてみることとする。なお，以下に示される学習指導要領に関する記述については，特別指示のない限り，小学校および中学校学習指導要領〔1998（平成10）年12月告示, 2003（15年）12月一部改正〕，高等学校学習指導要領〔1999（平成11）年3月告示, 2002（平成14）年5月, 2003（平成15）年4月, 2003（平成15）年12月一部改正〕である。

a.　社会科と読書

　社会科は，1989（平成元）年の学習指導要領改訂にともない，教科構成に大きな変化が生じた教科である。それは，小学校低学年における社会科の廃止と

高等学校における社会科の再編が行われたことである。現在の社会科は，小学校の第3学年から中学校の第3学年までの7年間で実施されている。現行の小学校学習指導要領の第2節社会では，「第3　指導計画の作成と各学年にわたる内容の取扱い」において，以下のようにうたわれている。

  1　指導計画の作成に当たっては，次の事項に配慮するものとする。
  (3)　博物館や郷土資料館等の活用を図るとともに，身近な地域及び国土の遺跡や文化財などの観察や調査を行うようにすること。
  (4)　学校図書館や公共図書館，コンピュータなどを活用して，資料の収集・活用・整理などを行うようにすること。また，第4学年以降においては，教科用図書の地図を活用すること。

　このように，学習指導要領に明確に学校図書館の活用がうたわれていることもあり，国語科以外の教科のなかでは「調べ学習」のために行われる'調べ読み'を中心とした読書が比較的活発になされている教科といえる。そもそも社会科は，歴史的にみれば，修身，歴史，地理といった社会系諸教科に代わって，第2次世界大戦後に新たに導入された「総合的な教科」としての位置づけにあった。その後，他の教科にはみられないような変遷をたどった教科でもあるが，「社会認識の形成を通して市民的資質の育成を目指す教科」[1)]という性格づけは定着している。ここで留意しなければならないのは，社会科の目標というものが，次のように大きく3つに分かれるという考え方である。それは，①社会認識の形成の重視，②市民的資質の育成の重視，③①・②の同時的育成を目指す，である[2)]。

　したがって，社会科における読書を考える際には，それらの目標も踏まえながら，日本やひいては世界のなかで生きるための'知恵'をはぐくむことができるような読書材の提供が求められよう。これからの社会科における学習は，いままで以上に子どもたち自身がいだいた疑問を，多種多様な手段で主体的に

調べる力，自ら考える（考えを深める）力の育成も求められている。もちろん，これまでの社会科における学習でも，子どもたちが学校図書館に足を運び，学習に関係のありそうな資料や情報を収集し，それらを読むという活動は行われていた。しかし，その実態を省みたならば，資料や情報をただ書き写すだけの'写しっ放し'，'調べっ放し'の学習に終わってはいなかっただろうか。

あらためて社会科の原点に立ち返るならば，子どもたちが社会を「研究」していく教科として成立したといわれていることである[3]。現行の社会科においても，子どもたちによる主体的な社会研究（調べて考える学習）を支援し育てていくことが求められる。そのためにも，子どもたちそれぞれが，学習の問題をしっかりと把握し，問題を分析した上で何を調べればよいのか，何を読んだらよいのか明確な意志をもつきっかけを築いていくことが重要である。たとえば，「使い道が同じ車なのに，なぜ多くの自動車会社がいろいろな種類の車をつくっているのだろう」とか，「日本とアメリカで食べ物が異なるのはどうしてだろう」というような学習の問題であれば，何を調べようとしているのか，何を読むべきなのかが明確になってくるだろう。

最近では，各学校図書館において，「調べ学習」と名のつくタイトルのシリーズものなど調べ学習のための図書を数セットそろえているところも増えている。しかし，社会科の学習では，子どもたちが主体的に図書を選択しようとしても，目指す情報が載っている図書になかなか出会えないことも多い。司書教諭や教師の適切な助言が求められる場面である。なにより，社会科で目指すべき社会生活の理解や公民的資質を育成できるような読書環境の充実をはかっていくことが大切である。

b. 算数・数学科と読書

小学校学習指導要領の第3節算数では，「第3　指導計画の作成と各学年にわたる内容の取扱い」において，「(2) 論理的な思考力や直観力，問題解決の能力を育成するため，実生活における様々な事象との関連を図りつつ，作業

的・体験的な活動など算数的活動を積極的に取り入れるようにすること」とその配慮がうたわれている。これについては，中学校や高等学校の学習指導要領のなかにも系統だててうたわれている事項である。「4.5. 科学教育と読書」の節でも述べるが，現行の学習指導要領では，日常生活における体験・経験をうまく取り込みながら学習を展開させていくことも望まれている。

しかしながら，限られた授業時数の枠組みのなかで体験や経験をも取り入れた計画を立てることは困難である。そこで牧野は，次のような内容の読書材を子どもたちに提供したり，授業で取り入れたりすることが提案されている[4]。

① 普段の授業では取り扱いにくいもの
　　数学史からの題材や，課題学習，「総合的な学習の時間」等で取り扱えるような興味ある問題。長期休暇を利用し，じっくり考える時間を必要とするもの。普段の授業では軽く触れるくらいで，十分な時間をさくことができないもの。
② 数学にたいする興味や関心をもたせるもの
　　数学者に関するエピソードやエッセイ。数学者の考え方や人生観に触れることで，生徒は数学や数学者を身近に感じるようになる。多様な物の見方を育てるのによい教材。
③ 数学を深く理解させるもの
　　たとえば，幾何や確率などのように1つのテーマを掘り下げて勉強してみようとか，環境問題についての分析と予測を試みるというように現代の社会問題に関する問題解決を試みるもの。カオスやフラクタルな図形をコンピュータ・グラフィックスで描いてみようというような未知の分野への挑戦など，関心のあるテーマを深く掘り下げて研究する態度を育てるようなもの。
④ 数学に楽しんで親しませるもの
　　パズルやゲームで楽しみながら考えているうちに，また，折り紙で遊

びながらその構造を考えているうちに，数学嫌いの生徒が少しでも興味を持てるような可能性のあるもの。数学が得意な生徒にとっても，不得意な生徒にとっても，その数理を考えること自体がこの上もない喜びとなるようなもの。

牧野正博の場合，勤務校である中学2年生に対し，子どもたちの夏期休業期間中に「夏休みの課題」として課す試みから始めている。これは，上記の項目に当てはめれば①や②に該当する内容である。具体的には，教師の側から何冊か数学に関する図書のリストを記したプリントについても配布しておき，夏休み明けにその感想文を提出させるという内容の課題である。教師が示したリスト以外の図書を選択してもかまわない。子どもたちが選択し読んだ図書についても，リストにし紹介している。子どもたち（229名のうち169名）が自ら選択し読んだ図書のタイトル数だけでも，130タイトルにもなったそうである。同時に実施された「夏休み課題についてアンケート」結果では，「自ら選んだ本を読んでよかった」との回答が60％にのぼっている。反面，7％は「悪かった」と回答している。「難しい本を選んでしまいよく分からなかった」というケースが多いようである。これは，数学の本に限ったことではないだろう。子どもたちの場合，選んだ本の内容が難しすぎるとそこで読むのをあきらめてしまうことが多い。あきらめて別の本を探す意欲に結びつけばよいが，そこまで至らないことも多い。したがって，教師の側として本の選び方を丹念に指導する必要も生じるのである。

c. 理科と読書

理科と読書については，次節「科学教育と読書」のなかでも取り上げている。ここでは，主に学習指導要領の内容と読書との関係について確認するにとどめる。

まず，日本における理科そのものの教科としての概要を確認しておきたい。

小学校理科の内容は，「生物とその環境」「物質とエネルギー」「地球と宇宙」の3つの内容区分から成り立っている。中学校理科は，第一分野（物理的領域および地学的領域）と第二分野（生物的領域および地学的領域）から構成される。高校理科では，「理科基礎」「理科総合A」「理科総合B」（いずれも2単位科目）と，「物理」「化学」「生物」「地学」それぞれのⅠとⅡ（いずれも3単位科目）の11科目から構成されている。学習指導要領の歴史的な観点からは，小学校と中学校の理科の構成は安定しているのに対し，高校理科の科目構成は，学習指導要領の変遷に応じて変化が大きいという特徴がみられる。

　教科構成という観点からは，学校段階による内容区分の違いにとまどいを感じるかもしれないが，次のように現代の理科教育の目標は単純に類型化されている。

　まず第1に，専門科学的能力の育成を目指すもの，第2に，専門科学的能力の育成を基調にしつつも，それにとどまらず，人間形成を直接標榜するもの，第3に，社会的能力の育成をも射程に収めるもの，という3つに大別されている[5]。この類型からは，専門科学的能力の育成を主眼に置いていることがうかがえる。それはつまり，理科教育の内容が自然科学の成果を理解し，それを生み出す方法としての科学をも学ぶことを意味しているのは容易に察しがつくであろう。しかし，それ以外にも，人間形成を直接標榜したり，社会的能力の育成をめざす理科教育の内容が示されていることからも，自然科学の内容と方法のみにとどまらないことも理解できよう。

　理科では，小・中・高等学校ともに，実験や観察に重点を置き授業を展開する場面が多くみられる。実験や観察を通した授業における活動のなかから自然の現象や摂理に気づいていくことも多い。そのなかには，実際に植物を育てたり，動物や昆虫を飼育したりすることを通して子どもたちの興味・関心が喚起される場合も多いだろう。ある1つの動植物の育成から，子どもたちに多様な「もっと知りたい」「もっと育てたい」という好奇心が芽生えたとしても，それらを満足させられるだけの時間や物理的環境・道具を確保することは困難であ

る。そこで，本をその代替手段として子どもたちに提供し，読書を通していかにその好奇心を充足させていくことができるかが大きなポイントとなる。

d. 外国語（英語科）と読書

　かつて，英語科教育は文法事項などの言語材料中心の指導になる傾向がみられた。だが，中学校では，1989（平成元）年の学習指導要領改訂より，国際化の進展に対応してコミュニケーション能力の育成と国際理解の基礎を培うことがその主たる目標に掲げられており，1998（平成10）年の学習指導要領改訂においては，必修教科（英語を原則）とされ今日に受け継がれている。高等学校では，1999（平成11）年に学習指導要領が改訂されているが，その目標とするところは中学校とほぼ同様である。教育内容として，「聞くこと」「話すこと」を重点的に指導する「オーラル・コミュニケーション」が科目として1989年の改訂時より新設されている。

　外国語と読書を考えた場合，2つの目的が考えられよう。第1は，外国語を学ぶための外国語で書かれた本を読むこと，第2は，国際理解の観点から外国の文化を知るための本を読むこと，である。

　第1については，これまで，とくに中学校の英語教科書に掲載されている素材文について，その実用性を重視する観点から対話文形式のものが多いが，その中身は「環境問題」や「道徳」的内容が多用されており，その偏りが指摘されてきた[6]。学習指導要領に示された事項を確認すると，中学校では，教科内容に「聞くこと」「話すこと」「読むこと」「書くこと」の4領域構成となっている。そのなかの「読むこと」では，指導事項として「物語や説明文などのあらすじや大切な部分を読み取ること」や「伝言や手紙などから書き手の意向を理解し，適切に応じること」などがあげられている。高等学校においても，指導計画の作成と内容の取扱いに関して「題材の形式としては，説明文，対話文，物語，劇，詩，手紙などのうちから適切に選択すること」とされている。

　これらのことからも，学校図書館として外国語で書かれたさまざまな題材の

形式を取りそろえておくことが求められよう。また，たとえばそれらを難易度別に排架したり，背表紙に色別のラベルやシールを貼るなどしたりして提供すれば，子どもたち自身で選択する際の目安にもなるだろう。

　第2については，外国語で書かれているものに限らず，学んでいる外国語を母語とする人々の文化や伝統について記された図書を取りそろえ，子どもたちが閲覧できる環境を提供していくことが望まれよう。

　2006年3月頃から中央教育審議会の外国語専門部会[7]では，小学校5年生から週1時間程度英語を導入すべきだと提言している。これについては，世論が割れているところもあるが今後の動向に注目する必要があろう。小学校の学校図書館であっても外国語と無縁であるとは言いがたい状況になりつつある。

e. 生活科と読書

　生活科の目標は「具体的な活動や体験を通して，自分と身近な人々，社会及び自然とのかかわりに関心をもち，自分自身や自分の生活について考えさせるとともに，その過程において生活上必要な習慣や技能を身に付けさせ，自立への基礎を養う」ことと学習指導要領にある。子どもたちが，幼稚園，保育園などから，小学校における教科教育へスムーズに移行できるようにと意図された教科でもある。そのため，生活科の学習は，具体的な活動や体験を通して行われることが大原則とされている。他の教科が，学習指導要領を基準とした目標に従って教材を設定し，それをこなしていくという「目標優先」で行われていたのに対し，生活科では，まず子どもたちの生活実態から出発するところに他教科との大きな違いがある。

　読書とのかかわりを考える際にも，身近な生活の基盤になっている地域の事柄についてやさしく書かれている読書材をそろえておくことが求められよう。たとえば，生活科のなかで取り扱われる内容として表4-1のように整理してみると各々の活動テーマに沿った読書材の検討材料となるだろう。

　活動・体験重視の科目ではあるが，具体的な活動を通して身近な環境や自分

について気づき，問題関心をいだくきっかけとなることもあろう。「動植物の飼育・栽培」ひとつをとっても，「どのように飼育（栽培）すればよいだろう？」という疑問がわいてくる可能性もある。読書にかぎらず，ぜひとも子どもたちが疑問に思っていることを解決する手がかりとして，図書資料（図鑑など）の活用の仕方を学ぶきっかけとしてもらいたいものである。

表 4-1　生活科の内容と具体的な活動

内　容	具体的な活動
学校と生活	探検活動などを軸とした学習活動。
地域と生活	
公共物や公共施設の利用	
季節の変化と生活	自然とのふれあいや遊びが重視された活動。
自然や物を使った遊び	
動植物の飼育・栽培	長期にわたる動植物とのかかわり活動。
家庭と生活	自分と身近な人々とのかかわり活動。
自分の成長	

出所：小学校学習指導要領（平成10年12月告示，15年12月一部改正）「第5節 生活」の内容，および，日本教育方法学会編『現代教育方法事典』（図書文化社，2004年）p.267より作成。

f.　音楽科と読書

　音楽科は，学習指導要領にも示されているように「表現」や「鑑賞」を教科内容の中心とするものではあるが，その授業類型を考えた場合，大きく2つの類型があげられる。まず1つは，表現や鑑賞そのものを目的とした授業である。たとえば，小学校第6学年であれば，共通教材として『ふるさと』などがあるが，それを「クラス全員で合唱しよう」というような授業である。もう1つは，音楽の概念や歴史などの内容を理解することを目的とした授業である。たとえば，「箏や尺八を含めた我が国の音楽，諸外国に伝わる音楽などを知ろう」というような授業である。

　子どもたちが，鑑賞をとおして音楽のよさに触れ，その音楽を表現する喜び

を感じられるようにできればなによりである。そのためにも，各地域の音楽が本来持ち合わせている「歴史的背景」や「物語」，それを表現するために生み出された「楽器のしくみ」などの音楽的要素を知ることは，子どもたちの音楽に対するイメージを拡張し，よりよく表現や鑑賞の活動を実践していくことができるだろう。ここに読書がかかわる意義がある。

　具体的には，音楽の歴史を探るのであれば，楽器の仕組みや成り立ちを解説した本や図鑑，ある作曲家の伝記などを読むことによって，音だけではなく活字を通してでも学習を深めることができるだろう。また，読書からは離れるかもしれないが，たとえば，小学校での共通教材である「春の小川」「茶つみ」「まきばの朝」「冬げしき」など，音楽のなかで表現される情景などについて風景写真などの写真集等を活用することによって，よりそれぞれの音楽のイメージを豊かにすることが期待できるだろう。

g. 図画工作科・美術科と読書

　図画工作科は，幼稚園における表現領域から中学校，あるいは高等学校の美術科へと発展していく造形教育の系統的な教育計画のなかに位置づけられるものである。音楽科と同じく，教科内容は，「表現」と「鑑賞」を中心とした構成となっている。小学校学習指導要領に示された図画工作科の目標には，「表現及び鑑賞の活動を通して，つくりだす喜びを味わうようにするとともに造形的な創造活動の基礎的な能力を育て，豊かな情操を養う」ことがうたわれており，中学校，高等学校の美術においても受け継がれている。

　小学校低学年においては，土，木，紙などの材料を使い，それらを並べる，つなぐ，積むなど体全体を働かせて楽しく「造形遊び」を行うことで表現し，試行錯誤のなかから子どもたちが学習することを認めたものとなっている。高学年になるにつれ，何かしらの目的に基づいて伝達や装飾などを行うための表現方法を探り出していく問題解決型の学習へと移り変わっていくことになる。表現を広げるためにも，読書をとおしてイメージや発想を広げられるよう図書

資料を備えておくことが望まれる。

　具体的には,「表現」や「鑑賞」を充実させるために,次のような図書資料を備え読書に結びつけられるとよいだろう。
《表現を広げるための図書資料》[8]
　　・身体,動植物,乗り物等の図鑑など
　　・建造物や技法に関する解説図書
　　・自然,科学,社会,宇宙などの図書
　　・物語,詩,地理・歴史,美術の図書
《鑑賞広げるための図書資料》[9]
　　・世界の児童画作品集
　　・美術家の作品集
　　・鑑賞用コンピュータソフト

h.　技術・家庭科と読書

　技術科は,中学校の「技術・家庭」の「技術分野」,高等学校では「情報科」や専門教育に関する各教科において学習を深める場合もある。中学校学習指導要領の「技術分野」の目標には「実践的・体験的な学習活動を通して,ものづくりやエネルギー利用及びコンピュータ活用等に関する基礎的な知識と技術を習得するとともに,技術が果たす役割について理解を深め,それらを適切に活用する能力と態度を育てる」とある。そのためには,子どもたちに工業・水産・農業にかかわる生産技術の基本を教え,それらを用いた実践的な課題解決の機会を提供する必要がある。性格の異なる内容であることからも,授業方法は一律ではなく,複数の授業方法をもって展開することとなる。技術が自然科学の一分野であるという面を考えれば,第2節「科学教育と読書」ともかかわりある教科といえよう。

　家庭科は,小学校第5・6学年の「家庭」,中学校の「技術・家庭」の「家庭分野」,および,高等学校の普通教育に関する教科「家庭」と専門教育に関す

る教科「家庭」からなる。今日における家庭科は，男女共同参画推進や少子高齢化，消費社会化，環境悪化に対応するために，生活を社会科学と自然科学を駆使して総合的に検討し，生活課題を主体的に解決することが求められている10)。

家庭科の総体として目標は，衣食住についての理解はもちろん，その理解のもとだれとどのように暮らしたいのか，現実における課題を踏まえたうえで意志決定できるよう判断主体を育成することにある。

昨今の子どもたちは，生活体験が不足し生活実感が弱まっているといわれることがある。先ごろ示された「幼稚園教員の資質向上に関する調査研究協力者会議報告書」〔2002（平成14）年6月24日〕11)によれば，子どものみならず，教員の側の生活体験不足も問題となっていることが指摘されている。家庭科の学習においては，実践的・体験的な活動を通して，生活実感が高められるよう日常生活に必要な基礎的な知識や技能を身につけ，家庭生活の向上をはかるための実践的な態度をはぐくむことが求められている。

先にも述べたように，子どもたちが普段生活しているなかでの現実における課題を自覚していくことが求められる。そこで，以下に示したような問題解決的な学習過程を積み重ね，必要に応じて効果的に学校図書館を活用できるとよいだろう。

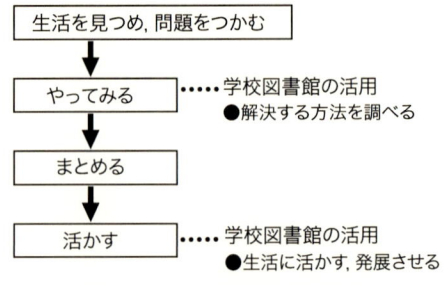

```
┌─────────────────────┐
│ 生活を見つめ，問題をつかむ │
└─────────────────────┘
           ↓
┌─────────┐
│ やってみる │ ……学校図書館の活用
└─────────┘   ●解決する方法を調べる
           ↓
┌─────────┐
│ まとめる  │
└─────────┘
           ↓
┌─────────┐
│ 活かす   │ ……学校図書館の活用
└─────────┘   ●生活に活かす，発展させる
```

図4-1　問題解決的な学習過程
出所：押上武文，小川哲男編著『子どもの学力を高める学校図書館の教科別活用法』(学事出版，2004) p.97.

i. 保健・体育科と読書

　保健分野と体育分野は，中学校・高等学校においては，両者が連結された明確な位置づけとなっている。小学校でも保健分野の内容はあるものの，教科名としては「体育科」とされている。小学校学習指導要領に示された目標をみると「心と体を一体としてとらえ，適切な運動の経験と健康・安全についての理解を通して，運動に親しむ資質や能力を育てるとともに，健康の保持増進と体力の向上を図り，楽しく明るい生活を営む態度を育てる」とある。小学校段階においては体力を養うことが主眼であり，読書活動を取り入れる余地がないようにも思われる。

　しかし，小学校中学年からは，「健康な生活及び体の発育・発達について理解できるようにし，身近な生活において健康で安全な生活を営む資質や能力を育てる」との目標が示されているように，保健学習としての要素がみられるようになる。とくに，高学年になれば，保健学習において多くの知識も必要となり論理性も求められる。たとえば，高学年の保健では，「心の発達」についても学習することとなる。「心」という，子どもたちにとってとてもとらえにくい学習内容においてこそ，学校図書館を活用しながら学習（読書）を進めることにより，子どもたちにとっては知識を深めることができ，保健分野における理論的思考と体育分野における実践とを結びつけて意欲を高めていくことが可能となる。

　以上のように各教科と読書のあり方について概観してきたが，ここで取り上げたこと以外にも，各学校・地域の実態に応じて子どもたちと読書のあり方を種々検討しなければならないのはいうまでもない。そのためには今後，各教科においても数多くの読書実践がなされ，これまでいだかれがちであった「読書」＝「国語科」という固定観念を払拭した新しい取り組みがなされることも期待したい。

第2節　科学教育と読書

　科学教育と読書という組み合わせは，一見すると乖離的に思えるかもしれない。しかし，読書を通して'科学的な思考を育てる'という観点からとらえたならば，その可能性に期待が膨らんではこないだろうか。子どもたちの「理科離れ」「理科嫌い」が叫ばれるようになってから久しい。最近では，夏休みなど各自治体の教育委員会が，理科系の大学教員や専門家を講師役に実験や野外活動を交えた内容を企画し，さまざまな学習の取り組みを行っているところもみられる。子どもたちにとっては，科学を実生活や実体験に即したかたちで提示してあげることで好評を博しているようである。本来，子どもたちの知的探求心や知識欲は，童心を忘れつつある私たちと比べるまでもなく旺盛なはずである。子どもたちが生まれながらに持ち合わせている意欲を，科学に対しても興味がかきたてられるよう仕向けていくために，種々さまざまな実験や野外活動の企画を毎日のように立てられればよいが，日々の授業のなかにすべて盛り込むことは難しいだろう。そこで，全国学校図書館協議会必読図書委員会では，「読書を通して科学に対する興味をひきたて科学的な探求心を育てるような作品にふれさせたり，自然の驚異や美しさに気づかせ，自然の中に生きる人間のあり方を考えさせる作品に出会わせたい」[12]という考えから，たとえば次のような作品とコメントを紹介している。

◆ 千葉喜彦著『蚊も時計を持っている』(さ・え・ら書房，1987年) 63p.
　　生物の体内時計にふれた作品であるが子どもたちの科学する心を育てるのにふさわしい。
◆ 田川日出夫文，松岡達英絵『生物の消えた島』(福音館書店，1987年) 31p.
　　今からおよそ百年前の大噴火で死の世界と化したクラカタウ島に生物がよみがえる過程を描いている。自然界の生態系の不可思議な謎を解き明かしてくれる。

◆ 国松俊英著，おぼまこと絵『ふくろうのいる教室』(草土文化，1990) 141p.
　　表題作のほかに六編の作品によって構成されている短編集である。いずれの作品も傷つきながら，何かを背負って懸命に生きている子どもたちと厳しい環境の中でけなげに生きている鳥たちとのかかわりを温かいまなざしで描いた作品である。

　また，科学教育を「読書」を通して実現した方法のもう一つに，「仮説実験授業」があげられる。以下では，「仮説実験授業」を例に，科学教育と読書の融合について取り上げることとする。
　この「仮説実験授業」という授業方式は，1963（昭和38）年に板倉聖宣がテキスト・授業書「ふりこと振動」を手始めに提唱したものである。授業書作成にあたっては，上廻昭（板倉・上廻『仮説実験授業入門』）と庄司和晃（『仮説実験授業』）らの多くの試行実践をもとに，独特な授業運営法として確立していったものである。
　具体的に「仮説実験授業」とは，独自に作成された「授業書」[13]に即して，その授業書を読むことから授業が開始されるものである。授業書を読み進めていくと途中で「問題」が提示され，子どもたちは，その問題に対する「予想」と理由などを交えた「討論」と，その真偽を問う「実験」を繰り返す過程を経て，「予想」を「仮説」にまで高めることをめざした科学教育に関する「科学上の最も基本的な概念や原理的な法則を教えようとする授業」[14]方式の一つとして紹介されているものである。
　授業書については，すでに多くの実践に基づいて「ミニ授業書」として刊行されている。たとえば，『虹は七色か六色か』(仮説社)というミニ授業書では，日本とアメリカにおける虹の色数について違いを科学論や教育論を交えながら，その「考え方」そのものを考えることをねらいとしている。科学教育と読書を結びつけるきっかけとして参考にされるとよいだろう。

第3節　教育カリキュラムにおける読書の位置づけ

　ここではまず,「カリキュラム」という言葉そのものの意味から概観してみよう。「カリキュラム」の訳語として用いられる言葉に「教育課程」がある。それらの用語について, 司書教諭をめざすみなさんにおいては, これから教員免許状取得をめざす過程にあるか, または, すでに取得済みなのかもしれないが,「カリキュラム」と「教育課程」という用語について, ここで今一度確認しておくことにしよう。

　「カリキュラム」と「教育課程」は, すでに述べたように原語と訳語の関係でその意味も同じととらえられてきた過去がある。しかし, 1970年代後半からは, 必ずしもそうとらえられない使われ方になってきている。したがって,「カリキュラム」が相対的に広い意味を含み用いられるのに対して,「教育課程」は学校教育法施行規則や学習指導要領において用いられるなど意味の限定された用語として使われることが多いのである。その歴史的経緯や背景についての詳細は, 教職科目でもある教育課程の講義やテキストなどを各自で振り返り, 確認していただきたい。つまり,「カリキュラム」という用語には,「教育課程」という用語では表すことのできないより広い意味が込められているのである。具体的には,「教育課程」が教育内容についての国家的基準によるプラン, 立案レベルのものを表すのに対し,「カリキュラム」は目標, 内容・教材のほか, 教授・学習活動, 評価の活動なども含んだ広い概念としてとらえられているのである。

　さて, それでは「教育カリキュラムにおける読書の位置づけ」とはどのようなものだろうか。以下に述べていくこととする。

　教育カリキュラム上, 教師の意図的なはたらきかけのもとに行われる読書の位置づけには,「読書指導」にともなう活動がある。「読書指導」とは, 児童生徒が, 読書への興味と習慣を養えるよう, 読書を通して豊かな人間性の形成を

もめざして行われる働きかけである。(「読書指導」については第6章を参照)

　また，現行の学習指導要領[15]をみてもわかるとおり，小・中・高等学校および特殊教育諸学校のすべての学習指導要領の「総則」のなかには，「学校図書館を計画的に利用しその機能の活用をはかり，児童の主体的，意欲的な学習活動や読書活動を充実すること」との文言が明示されている。学校図書館の利用・活用はもとより，「読書」という活動をいかにカリキュラムのなかに位置づけていくことができるか考えていくことが大切である。

　さらに，「読書」を教育カリキュラムのなかに位置づけていくためには，学校においては司書教諭や学校司書をはじめとするすべての教師の協力を得る必要がある。そのうえで，具体的な活動内容としては，ストーリー・テリング，ブックトーク，「読書の時間」の設定，読書感想文の募集と発表などがあげられる。これらの活動については，個々の教室での授業レベルで取り入れられる活動というよりも，各教科以外の領域（道徳，特別活動，総合的な学習の時間）において取り入れられることが多い活動内容といえる。　　【望月　道浩】

注
1) 日本教育方法学会編『現代教育方法事典』(図書文化社，2004年) p.259.
2) 同上，p.259.
3) 同上，p.260.
4) 牧野正博「数学一貫カリキュラムの構想（2）―読書教育について―」『日本私学教育研究所紀要（2）教科篇』第37号，2002年，p.109.
5) 日本教育方法学会編『現代教育方法事典』(図書文化社，2004年) p.265.
6) 天野正輝編『教育課程重要語300の基礎知識』(明治図書出版，1999年) p.93.
7) 正確には，中央教育審議会初等中等教育分科会教育課程部会外国語専門部会のこと。
8) 押上武文・小川哲男編著『子どもの学力を高める学校図書館の教科別活用法』(学事出版，2004年) p.95.
9) 押上武文・小川哲男編著『子どもの学力を高める学校図書館の教科別活用法』(学事出版，2004年) p.96.
10) 日本教育方法学会編『現代教育方法事典』(図書文化社，2004年) p.271.

11) 「幼稚園教員の資質向上について：自ら学ぶ幼稚園教員のために」（報告）
http://www.mext.go.jp/b_menu/shingi/chousa/shotou/019/toushin/020602.htm
（2006年9月22日現在参照可能）
12) 全国学校図書館協議会必読図書委員会編『六訂 何をどう読ませるか 第3群 小学校高学年』（全国学校図書館協議会，1994年）p.36.
13) 板倉聖宣『仮説実験授業のABC』（仮説社，1997年）p.30. によれば，「教科書兼ノート兼読み物」のような形にまとめあげたものを「授業書」と呼んでいる。
14) 板倉聖宣『仮説実験授業のABC』（仮説社，1997年）p.24.
15) 平成10年12月14日に小学校，中学校学習指導要領を，平成11年3月29日に高等学校学習指導要領，盲学校，聾学校及び養護学校小学部・中学部学習指導要領，高等部学習指導要領を告示。なお，文部科学省では，平成15年12月26日に，学習指導要領のさらなる定着を進め，そのねらいの一層の実現をはかるために，小学校学習指導要領，中学校学習指導要領，高等学校学習指導要領，盲学校，聾学校及び養護学校小学部・中学部学習指導要領並びに盲学校，聾学校及び養護学校高等部学習指導要領の一部改正がなされている。

第5章　児童生徒の発達段階と読書

第1節　児童生徒の読書能力と読書興味の発達段階

a. 発達と発達段階

　児童生徒の読書活動を推進したり，読書指導を行っていくにあたっては，児童生徒の発達段階を考慮する必要がある。発達段階を考慮しない読書活動や読書指導は，児童生徒にとってわかりにくいばかりでなく，読書能力や読書興味の発達そのものを阻害する可能性もある。

　では，発達段階とは何であろうか。これを考える前に，まず，発達とは何かについておさえておきたい。発達とは，簡単にいってしまえば，人間の身体の諸能力・機能や精神の諸能力・機能が成長し，完全な状態に近づいていくことである。発達には，個人の内的な要因だけではなく，周囲の環境や他者とのかかわりなどの外的な要因が必要である。こうしたさまざまな要因が複雑に影響しあって発達が促されていく。人間の発達を促す最も大きな外的要因として存在しているのが，教育という営みである。

　このような発達のプロセスを分かりやすく示したものが，発達段階である。発達段階は，フロイト（Freud, S., 1856-1939），ピアジェ（Piajet, J., 1896-1980），ハヴィガースト（Havighurst, R. J., 1900-1991），エリクソン（Erikson, E. H., 1902-1994）など多くの心理学者が異なる説を提唱しているが，各段階に存在する特有のいくつかの壁（これを発達課題という）を乗越えながら人間の発達は成されるものととらえている点はほぼ共通している。こうした児童生徒の発達段

階を知ることによって，各段階の発達課題に応じた教育的な手だてが講じやすくなるというメリットがある。表5-1には，具体的な発達課題を提示しているハヴィガーストの説を例示する[1]。ハヴィガーストは，児童期の発達課題として「読み・書き・計算の基礎的能力を発達させること」をあげており，なかでも，「読むことの学習によって，新しい世界がだんだん開けてくる」[2]と述べている。

このハヴィガーストの発達段階と発達課題からわかるように，また他の説においても同様であるが，大まかな発達段階と多岐にわたる発達課題が提示されている。それは，人間の発達を総合的にとらえようとしているからにほかならない。むしろ，人間の発達とは，心身の諸能力・機能が複雑に影響しあって成されるものであるから，総合的に把握しなければならないものである。しかし，それではあまりに抽象的な形でしか発達を把握することができなくなってしまう。そこで，あえて，特定の能力や機能を抽出して，その発達を研究する試みが行われている。読書に関しては，読書能力や読書興味の発達に関する研究がそれである。

b. 読書能力の発達段階

読書能力とは，字のごとく，読書をする能力のことである。わが国において読書心理学の研究を牽引した阪本一郎(1904-1989)は，読書能力を構成する能力因子には，次のようなものがあるとする[3]。すなわち，(1)眼球運動の調整能力，(2)文字を認知する能力（読字力），(3)語を認知する能力（語彙力），(4)文脈を理解する能力（文法力），(5)文章が伝達しようとしている情報を正確に捉える能力（文意理解力），(6)文章から受容した意味を批判する能力（批判力），(7)文章の刺激する情緒的感動を味得する能力（鑑賞力），の7つである。読書能力の発達は，この7つの諸能力が総合的に発達して実現されるのである。

また，阪本は，読書能力の発達に影響を与える内的要因，外的要因についても指摘している[4]。まず，内的要因としては，(1)一般的知能，(2)生理・心理

表5-1 ハヴィガーストの発達段階と発達課題

年齢	発達段階	発達課題
6	幼児期	・歩行の学習 ・固形の食物をとることの学習 ・話すことの学習 ・排泄の仕方を学ぶこと ・性の相違を知り性に対する慎しみを学ぶこと ・生理的安定を得ること ・社会や事物についての単純な概念を形成すること ・両親や兄弟姉妹や他人と情緒的に結びつくこと ・善悪を区別することの学習と良心を発達させること
12	児童期	・普通の遊戯に必要な身体的技能の学習 ・成長する生活体としての自己に対する健全な態度を養うこと ・友だちと仲よくすること ・男子として,また女子としての社会的役割を学ぶこと ・読み・書き・計算の基礎的能力を発達させること ・日常生活に必要な概念を発達させること ・良心・道徳性・価値判断の尺度を発達させること ・人格の独立性を達成すること ・社会の諸機関や諸集団に対する社会的態度を発達させること
18	青年期	・同年齢の男女との洗練された新しい交際を学ぶこと ・男性として,また女性としての社会的役割を学ぶこと ・自分の身体の構造を理解し,身体を有効に使うこと ・両親や他の大人から情緒的に独立すること ・職業を選択し準備すること ・結婚と家庭生活の準備をすること ・市民としての必要な知識と態度を発達させること ・社会的に責任のある行動を求め,そしてそれをなしとげること ・行動の指針としての価値や倫理の体系を学ぶこと
30	壮年期 (成人期初期)	・配偶者を選ぶこと ・配偶者との生活を学ぶこと ・第一子を家族に加えること ・子供を育てること ・家庭を管理すること ・職業に就くこと ・市民的責任を負うこと ・適した社会集団を見つけること
55	中年期	・大人としての市民的・社会的責任を達成すること ・一定の経済的生活水準を築き,それを維持すること ・10代の子供たちが信頼できる幸福な大人になれるように助けること ・大人の余暇活動を充実すること ・自分と配偶者とが人間として結びつくこと ・中年期の生理的変化を受け入れ,それに適応すること ・年老いた両親に適応すること
	老年期	・肉体的な力と健康の衰退に適応すること ・隠退と収入の減少に適応すること ・配偶者の死に適応すること ・自分の年ごろの人々と明るい親密な関係を結ぶこと ・社会的・市民的義務を引き受けること ・肉体的な生活を満足におくれるように準備すること

出所:ハヴィガースト,荘司雅子監訳『人間の発達課題と教育』(玉川大学出版部,1995年) pp.30-181, 260-284. をもとに作成

的要因（視覚，聴覚，発声などの諸器官の発達），(3) 興味，(4) 経験，(5) 性格的要因，の5つを指摘している。また，外的要因としては，(1) 教育的要因（適切な読書指導が行われているかどうかなど），(2) 環境的要因（読書環境が好適であるかどうかなど），の2つを指摘している。このうち，内的要因のいずれかに障害を抱えている場合，読書能力の発達が阻害される可能性が高いので，より手厚い特別な支援が必要である（第4節参照）。

では，読書能力は，どのような発達のプロセスを経ると考えられているのであろうか。読書能力の発達段階については，阪本一郎や増田信一（1933-）が説を唱えているが，ここでは，阪本の発達段階を紹介しておきたい[5]。大まかに見ると，(1) 読書入門期（文字の学習を開始するまでの時期）（〜6歳），(2) 初歩読書期（基礎読書力が成熟するまでの時期）（6歳〜9歳），(3) 多読期（読書技術が成熟し多読傾向になり，目的に応じた読書ができるようになる時期）（9歳〜13歳），(4) 成熟読書期（成熟した読書人としての水準に達する時期）（13歳〜）となるが，それぞれの段階を表5-2に見るようにさらに細かく分けている。

なお，読書能力の発達には，当然ながら，個人差がある。したがって，ここに示した発達段階は，あくまでも標準的なものであり，目安のひとつであることに留意して指導に役立てる必要がある。

c. 読書興味の発達段階

読書興味は，児童生徒の読書への動機づけとなるものであり，読書能力の発達に影響を与える内的要因のなかでも重要なファクターのひとつである。興味が生起しないものを無理やり読ませることはできないからである。

読書興味を決定する要因にも，大きく内的要因と外的要因がある。主な内的要因としては，(1) 年齢，(2) 性別，(3) 知能などがある。また，主な外的要因としては，(1) 読書環境（図書などへのアクセスのしやすさ），(2) 周囲の人（友だちや両親，教師など）などがある[6]。このほか，インターネットなどの情報環境の発展も外的要因として見逃すことはできないだろう。

表 5-2 阪本一郎による読書能力の発達段階

年齢	発達段階	発達的特徴
6	読書入門期	
	①読書レディネス期 （5歳～6歳半ごろまで）	お話を聞きたがる。絵本を見て空読みをする。文字を覚えはじめる。
	②読書開始期 （1学年1学期終わりごろまで）	読みのレディネスが成熟して、一文字ずつ拾い読みをしながら読む、本を読んでもらいたがる。
	初歩読書期	
	①独立読書始期 （1学年2学期ごろまで）	意味が簡単で明瞭なものであって、未知の語が頻繁に出ないものならば、独立して読み始める。
	②読書力習熟期 （1学年3学期から2学年1学期ごろまで）	読解語彙の量が増し、新語を解釈でき、やや頻繁にそれが出てもまごつかず、文章がつかめる。
9	③基礎読書力形成期 （2学年2学期から3学年ごろまで）	初歩の読書技術が急に器用になるのが目立つ。
	多読期	
	①無差別多読期 （3学年終わりごろから5学年中ごろまで）	自発的に何でも読むようになり、むしろ乱読の傾向がある。
	②選択的多読期 （5学年終わりごろから中学1年終わりごろまで）	自分の必要とする問題を解決するのに適当な文献を選び、その内容を評価したり、鑑賞したりすることができる。
13	成熟読書期	
	①共感的読書期 （中学2年ごろから高校1年終わりごろまで）	読書における共感を求めて、それに応ずる読書材を読むことから、多読傾向は次第に減少する。
	②個性的読書期 （高校2年ごろから）	おとなの水準で書かれた読書材、あるいは学術的論文を読みこなせるようになる。

出所：図書館教育研究会編『新編学校図書館通論』（学芸図書, 1997年）pp.158-160. をもとに作成

ところで、読書興味にも発達段階のあることが阪本によって示されている。これも読書指導上のひとつの目安として紹介しておこう[7]。

(1) 子守り話期（2歳～4歳）：「子守り話」や「おとぎ話」など、知性の芽ばえを育てるものや、美しい心情をはぐくむものの読み聞かせが適している。また、「生活絵本」、「観察絵本」、「鑑賞絵本」などの絵本に親しみは

第1節 児童生徒の読書能力と読書興味の発達段階　89

じめる時期でもある。

(2) 昔話期（4歳〜6歳）：この時期に興味をもつのが「昔話」である。「昔話」とは、①"むかしあるところに"で始まり、時と所を超越した現実から遊離した世界であること、②素材は子どもの身辺の生活環境からとられていること、③魔法や奇跡が起こること、④物語としての一貫性があり、白と黒とが明白に分かれること、などを特徴としている。

(3) 寓話期（6歳〜8歳）：この時期には、「昔話」の形式を短くして、そこに単純なモラールを加えた「寓話」に興味をもつ。また、同時に、偉人の幼年時代のエピソードである「逸話」にも興味を示すようになる。

(4) 童話期（8歳〜10歳）：この時期には、「童話」、なかでも、現実の子どもの生活を取材して、これを想像で裏づけた「生活童話」に興味を抱く。代表的な例としては「アンデルセン童話」があげられる。

(5) 物語期（10歳〜12歳）：この時期になると、読書興味も多方面に分化する。主には、「少年少女物語」が大きな幅を占めるが、このほかに、「推理物語」、「冒険物語」、「偉人物語」、「発明・発見物語」などを好んで読む。

(6) 伝記期（12歳〜14歳）：思春期をむかえるこの時期は、偉人や英雄の人間的苦闘を扱った「伝記」に興味を示す。また、現実的問題として、「職業」や「進路」に関する主題にも興味をもつ。

(7) 文学期（14歳〜17歳）：この時期になると、恋愛小説などの「大衆文学」や「純文学」などに興味をいだく。

(8) 思索期（17歳〜）：高校生の後期から大学生にかけての時期には、自分とは何かを問い、アイデンティティ（Identity）の確立に向けて、「思索書」や「哲学書」、「宗教書」などを読む者が出始める。

こうした読書興味の発達段階には、国や時代を超えて一定の不変性のあることが知られている。たとえば、童話や伝記は、日本でも外国でも、それぞれの言語に翻訳すれば、同じ作品が同世代の子どもに親しまれるし、昔話は、今も昔も同じ作品が同世代の子どもに親しまれ続けている[8]、などのように。

表 5-3 読書能力と読書興味の発達段階対照表

年齢	一般的な発達段階	読書能力の発達段階	読書興味の発達段階
2	幼児期	（前読書期）	子守り話期
4	幼児期	読書入門期　読書レディネス期　読書開始期	昔話期
5	幼児期	読書入門期　読書レディネス期　読書開始期	昔話期
6	児童期	初歩読書期　独立読書始期　読書力習熟期　基礎読書力形成期	寓話期
7	児童期	初歩読書期　独立読書始期　読書力習熟期　基礎読書力形成期	寓話期
8	児童期	初歩読書期　独立読書始期　読書力習熟期　基礎読書力形成期	童話期
9	児童期	多読期　無差別多読期　選択的多読期	童話期
10	児童期	多読期　無差別多読期　選択的多読期	物語期
11	児童期	多読期　無差別多読期　選択的多読期	物語期
12	青年期	成熟読書期　共感的読書期　個性的読書期	伝記期
13	青年期	成熟読書期　共感的読書期　個性的読書期	文学期
14	青年期	成熟読書期　共感的読書期　個性的読書期	文学期
15	青年期	成熟読書期　共感的読書期　個性的読書期	文学期
16	青年期	成熟読書期　共感的読書期　個性的読書期	文学期
17	青年期	成熟読書期　共感的読書期　個性的読書期	思索期
18	壮年期（成人期初期）	成熟読書期　個性的読書期	思索期

　なお，これまで述べてきたハヴィガーストによる発達段階と阪本による読書能力と読書興味の発達段階をあわせてみると，表5-3のようになる。三者の関係をあらためて整理しておこう。読書興味の発達は，読書能力の発達に影響を

与える内的要因のひとつである。また，読書能力は，当然ながら，人間の心身の諸能力・機能の一部を構成するものであるから，読書能力の発達は，人間の発達そのものに大きな影響を与える関係となっているのである。

以下，これまで見てきた読書能力と読書興味の発達についての基礎的理解を踏まえて，各発達段階別にさらに詳しく見ていきたい。

第2節　発達段階からみた小学生と読書

a. 小学生と読書

児童期という発達段階にくくられる小学生であるが，低学年の児童と高学年の児童では，心身の諸能力・機能の発達は明らかに異なる。そこで，発達心理学では，児童期をさらに，「想像生活期」(6歳〜8歳)，「知識生活期」(8歳〜10歳)，「徒党期」(10歳〜12歳) に分けることがある。これは，低学年，中学年，高学年という一般的な分け方にも対応している。また，読書興味の発達段階の「寓話期」，「童話期」，「物語期」という分け方にも対応していることに気づくだろう。

低学年の児童は，小学校という集団社会のなかで基本的な社会道徳を身につけることを課題としている。よい子になろうとすることから，「よい子期」とも呼ばれる。この時期に，「寓話」に興味をもつのは，楽しいストーリーとともに，そこに込められたモラールや教訓にも興味をもつからにほかならない。この時期には，寓話への興味を活かしつつ，読書へ誘い，「初歩読書期」の読書能力を確実につけるような読書活動，読書指導が必要である。これを読書の導入的な指導という[9]。主な活動・指導内容としては，(1) 読み聞かせを楽しむ，(2) 紙芝居を楽しむ，(3) ペープサートによって動作化する，(4) 読書クイズを楽しむ，などがある。ペープサートとは，画用紙などの厚紙で，登場人物の姿を切り抜いて，割り箸などをつけて固定し，手足が動くようにした人形のことである。

中学年の児童は,「知識生活期」といわれるように, さまざまな物事について知りたいという欲求が強くなり, 社会生活に必要な基礎知識を多く獲得していく時期である。また, 自主的な判断に基づいて積極的に行動するようにもなる。この時期に,「童話」, とくに「生活童話」に興味をもつのは, 現実の子どもの生活を題材にしており, 説得力をもって受け入れられるからであろう。

　高学年になると, 各人の興味は多方面に分化し, 読書の興味についても多様化していく。また, 集団的な行動に興味をいだき, 友人との友情を重視するようになる。「物語」のなかでも, 現実の子どもの社会生活上の課題を友情で乗り越えていく過程を描いた「少年少女物語」に興味をいだくのは, このためである。

　中学年や高学年の児童は, 読書能力では「多読期」の段階であり, 読書能力が完成する「成熟読書期」への移行を控えた重要な時期である。したがって, この時期には, すでに述べた読書興味を活かしつつ, 読書能力を確かなものとするための読書活動や読書指導が必要である。この時期から中学生, 高校生に至るまでは, 読書の展開的な指導と発展的な指導が同時並行的に行われる。展開的な活動・指導内容としては, (1) 読書記録をつけさせる, (2) 読書範囲を広げさせる, (3) 複数の資料を読み比べさせる, などである。また, 発展的な活動・指導内容としては, (1) 読書感想を書かせる, (2) 報告やレポートを書かせる, (3) 読書会を開かせる, (4) 読書週間の行事を盛り上げさせる, などである[10]。

b. マンガをどう見るか

　ところで, 図書は読まなくても, マンガは読むという小学生は少なくない。読書離れへの危惧が声高に叫ばれるなか, 小学生だけでなく, 中学生や高校生, さらに成人期以降の世代にも人気なのが, マンガである。

　このマンガに対しては, 以前から, 学校図書館では批判的にとらえられることが多かった。たとえば, 読書能力の発達を阻害するとか, 暴力的な描写や性

的な描写が人格形成に悪影響を与えるなど，批判する理由をあげればきりがない。

　マンガは，読書能力の発達を阻害するのであろうか。それを実証する十分なデータはない。むしろ，読書能力の発達段階が「初歩読書期」にあたる小学校低学年段階の児童にとっては，絵と文が対応しているマンガは，抽象的な文章からイメージを形成する負担を軽減し，多少難しい主題を扱っていても理解しやすい。いわゆる社会や理科の主題を扱った「学習マンガ」などが，これにあたる。もちろん，いつまでもマンガばかり読んでいることが有益だとは思われない。マンガは，絵があるために，文章から情景をイメージしたり，登場人物の感情を想像する必要性があまりない。そのため，マンガばかり読んでいると，文章を読んでも登場する情景や登場人物の感情を想起することが難しくなり，「多読期」や「成熟読書期」への移行がスムーズにいかない可能性が考えられる。中学生や高校生になっても，マンガしか読めないのでは，その後の社会生活にも大いに支障を来たす。したがって，マンガばかり読む児童生徒には，マンガ以外の図書にも興味を向けるようになるべく早い段階から指導していくことが肝要である。

　また，マンガには，しばしば，暴力的な描写や性的な描写の含まれる作品があり，それが，児童生徒の健全育成によくないという批判がなされる。とりわけ，凶悪な少年犯罪が多発する昨今，テレビゲームやコンピュータゲームとともにマンガに原因があるのではないかとの主張もある。その一方で，マンガは，児童生徒に攻撃的な衝動が起こったときに，代理経験をさせてくれるとの指摘がある[11]。賛否どちらも十分に裏づけるデータが揃っているわけではない。ただ，学校や保護者にしてみれば，暴力的な描写や性的な描写が含まれるマンガをできれば読ませたくないというのが本音であろう。

　マンガは，わが国の文化の一部となっているといってももはや過言ではあるまい。海外でもわが国のマンガは高い評価を受けていると聞く。こうした状況のなかで，マンガを批判的にばかりとらえることは現実的ではない。むしろ，

マンガとうまく付き合っていく方法を小学生の段階から指導していくことが必要なのではなかろうか。

第3節　発達段階からみた中学生・高校生と読書

a.　中学生・高校生と読書

　中学生・高校生は，青年期という発達段階にくくられる。思春期を経て自己のアイデンティティを確立していく時期である。青年期は，中学校と高等学校にまたがっているが，児童期の小学校低学年と高学年ほどの発達上の差異は見られない。最近では，中高一貫校や中等教育学校も増えつつあるが，多感な青年期の全期を見据えて教育することが可能なシステムという点では好ましいといえよう。

　ところで，中学生・高校生になると，1カ月に1冊も図書を読まない「不読者」の割合が小学生よりも4倍から5倍も増えている。毎日新聞社と全国学校図書館協議会が毎年実施している「学校読書調査」の結果を見ると，この傾向は何十年も変わっていない。その理由は，いくつも考えられる。たとえば，中学校に入ると部活動が始まり読書をする時間がなくなる，読書よりも進学のための受験勉強に時間が割かれる，読書よりもマンガ，ゲーム，インターネットなど気軽に楽しめるメディアが身近なところにたくさんある，などである。

　こうした「不読者」にどう読ませるかについては，さまざまな実践が試みられている。広く普及している実践の一つが，「朝の読書」であろう（「朝の読書」については第7章で詳述する）。このほか，「総合的な学習の時間」に取り上げるテーマの一つとして「読書」を設定するなど，全校で読書に親しめる時間を確保することも有効である。また，読書の展開的な指導や発展的な指導とともに，読書相談を積極的に行い，個人の興味や問題関心を図書に結びつけて，読書につなげるようにしていきたい。

　さて，青年期になると，読書興味は，「伝記期」から「文学期」へと発達し

ていくとされる。これは，思春期の悩みを解決する術を「伝記」に描かれた偉人のなかから見いだそうとしたり，自己を見つめなおす手がかりを文学作品のなかに求めたりするからである。また，読書能力は，ほぼ「成熟読書期」に達するようになる。とはいっても，近年では，青年期自体が延長され，成人期に達する年齢が遅くなる（これをモラトリアムという）傾向にあるといわれているから，「不読者」が多い状況を併せて考えるならば，読書能力が「成熟読書期」に達する年齢も，従来より遅くなっている可能性はある。

なお，「不読者」とは，読めるのに「読まない」生徒が大半であると思われるが，なかには，「読めない」生徒もいる可能性がある。「読めない」場合は，その原因を把握し，早急に対応しなければならない（第4節参照）。対応が早ければ早いほど，発達の可塑性が高いからである。

b. ヤングアダルトという視点

青年期には読書興味が「文学期」に達すると述べたが，最近になるまで青年期に適した文学作品の出版は少ない傾向にあった。児童でも成人でもない，青年期向けの文学作品がほとんどなかったのである。ここにも「不読者」が中学生・高校生で急増する一因がありそうである。

最近になって，「ヤングアダルト」という言葉をよく耳にするようになってきた。ヤングアダルトとは，青年期の人たちを指す言葉であるが，青年期の単なる言い換えではない。青年期の読書を支援する視点をもった言葉である。すなわち，専用の図書や施設だけでなく，アプローチの仕方や力点の置き方にも留意した視点のことである[12]。一般には，「ヤングアダルトサービス」や「ヤングアダルト図書」という使われ方をしている。ヤングアダルトサービスとは，青年期を対象とした公共図書館サービスを意味する。青年期の読書推進に向けて，各地の公共図書館で積極的に実施されるようになってきている。また，ヤングアダルト図書とは，青年期向けに読書興味やニーズを勘案して企画，執筆，出版される図書のことで，文学作品が中心である。ここのところ出版点数が増

加するようになってきた。

　こうした公共図書館や出版界の動向に呼応して，中学校や高等学校の学校図書館でも，「ヤングアダルトコーナー」を設けるところが徐々に増えてきている。しかし，ヤングアダルト図書を揃えて別置しただけで，中学生・高校生の読書が支援できると考えることはできない。同時に，読書を支援するアプローチがともなっていなければならない。具体的には，中学生・高校生に適した読書案内や読書相談などである。こうしたアプローチを行うには，司書教諭を中心に，ヤングアダルトサービスに実績のある公共図書館と連携・協力し，情報を共有することが有効であろう。

第4節　特別な支援が必要な児童生徒と読書

　すでに第1節で述べた読書能力の発達に影響を与える内的要因のいずれかに障害をかかえている場合，その能力の発達が阻害される可能性が高い。読書能力の発達に問題をかかえる児童生徒のことを読書心理学では「読書能力問題児」（読書困難児ともいう）という。この「読書能力問題児」は，さらに「読書遅滞児」と「読書不振児」に分けられる[13]。「読書遅滞児」とは，知的能力全般の発達が遅滞しており，読書能力の発達も遅滞する傾向にある児童生徒をいう。一方，「読書不振児」とは，知的能力全般の発達は遅滞していないが，読書能力に問題をかかえる児童生徒をいう。

　「読書遅滞児」には知的障害児が，「読書不振児」には学習障害児が，それぞれ典型例として当てはまるが，このほか，読書に問題が生じやすい視覚障害児や聴覚障害児も「読書能力問題児」の範疇で把握することが可能である。

　こうした把握をするのは，当然ながら，その障害に応じた手厚い特別な支援（これを読書治療という）を行い，発達を促す必要があるからである。したがって，それぞれの障害特性に応じてどのような支援の手立てがあるのかを理解しておくことが必要である。

a. 視覚障害児と読書

　視覚障害児といっても，全盲の児童生徒と弱視の児童生徒では，読書の手段が異なる。全盲の児童生徒の場合は，点字図書を用いて読書することが多い。点字は，フランスのブライユ (Braille, L. 1809-1852) が考案したものであり，6点の組み合わせによって文字や数字を表記するシステムである。点字図書の読書には，まず，前提として，点字を知っていることが必要である。したがって，特別支援学校（盲学校）の小学部低学年の時期は，点字の指導に相当の時間が割かれる。このほか，点字は手で点を触って読む（これを触読という）ために，指の触知覚運動能力や点の弁別能力など，眼で読書するのとは異なる能力が求められる。これらの能力が，点字図書を読書に用いる視覚障害児の読書能力を構成する能力因子となっている。読書能力の発達上，小学部高学年 (10～12歳) ごろが重要な時期であるとされる[14]。したがって，点字図書を読書に用いる視覚障害児の場合，とくに，小学部段階での読書指導を適切に行う必要がある。

　なお，事故や病気などで中途失明した児童生徒のなかには，点字の習得が難しい者も少なくない。こうした児童生徒は，以前であれば，読書に計り知れない支障をきたしていた。しかし，今日では，カセット型の録音テープ図書，デジタル録音図書の DAISY (Digital Accessible Information System) を用いることによって聴覚を活用して耳から読書をすることが可能となっている。

　弱視の児童生徒の場合は，拡大写本や大活字本などの拡大図書を用いたり，普通のサイズの文字を拡大する拡大読書機を用いることによって，読書をすることができる。弱視児の読書の発達的な特性として，読書速度は遅いものの，読書の正確さについては大差がないことがあげられる[15]。したがって，読書能力や興味の発達段階は，第1節で述べたような通常のプロセスを辿っていくものと思われる。

　ところで，点字図書，録音図書，拡大図書は，いずれも，市販されているも

のが少なく，その製作は，ボランティアに頼らざるをえない現状がある。特別支援学校（盲学校）の学校図書館では，司書教諭が中心となって，ボランティアを組織しているところが多い。しかし，近年は，本人や保護者の希望で視覚障害児が普通の小学校や中学校に通うケースも増えており，これらの学校図書館でも，必要に応じて，特別支援学校（盲学校）の学校図書館や地域の点字図書館などと連携・協力し，視覚障害児に適した読書環境を整えられるようにしておくことが必要である。

b. 聴覚障害児と読書

　聴覚障害児は，一見すると，眼が見えることから，読書には支障がないように思われがちである。実際に，視覚障害児に必要な点字図書や録音図書，拡大図書のような特徴的なメディアは，聴覚障害児には必要ない。

　しかし，聴覚に障害があることは，読書能力発達の大きな阻害要因となっているのである。かつて，ろう学校教育の世界でよく使われた言葉に，「9歳の壁」という言葉があった。これは，読書能力などの学習にかかわる諸能力が9歳（小学校3〜4年）程度で遅滞してしまい，それ以降の発達がきわめて緩慢になってしまうという現象を指した言葉であった。現在でも，個人差が大きいとはいえ，平均値でみると，高等部卒業時点（18歳）での読書能力は，小学校4〜5年生程度にとどまるものが多いといわれている[16]。そもそも，聴覚障害のない児童生徒は，乳幼児期（言語獲得期）に周囲の人たちの話し言葉（言語刺激）を聴覚によって受容し，語彙を豊富にしていく。ところが，聴覚障害児の場合，その過程に困難があるために十分な語彙が身につかず，結果的に読書能力が遅滞してしまうと考えられている。このため，読書能力の遅滞は，生まれつき聴力の弱い先天的な聴覚障害児ほど顕著に見られる。

　このような理由から，特別支援学校（ろう学校）においては，読書指導や読書相談を重視する傾向にある。ところが，一昔前の読書指導では，読めるようにするために半ば強制的な指導が行われ，かえって聴覚障害児を読書嫌いにして

いるという批判も少なくなかった。近年では，手話による読み聞かせなども取り入れて，読書全般への興味や関心を高めるような読書指導へと転換しつつある。とはいえ，聴覚障害児にとって読書能力の養成が重要な課題であることに変わりはない。読書能力を可能な限り発達させるように，「読書能力診断テスト」などを用いて児童生徒の実態を把握し，その実態に応じた計画的な読書指導やきめ細やかな読書相談が求められる。

　なお，近年では，乳幼児健診で聴覚障害が見つかった場合には，できるだけ早い段階（1～2歳ごろ）から特別支援学校（ろう学校）で教育を開始するという早期教育の方法が導入されている。これによって，補聴器などの技術を活用しつつ，早期に言語刺激に触れられるような支援がなされていることも注目される。

c. 知的障害児と読書

　知的障害児は，知的能力全般の発達が緩やかで，遅滞する傾向にある児童生徒のことである。知的障害児は，読書能力の発達も遅滞するが，緩やかながらも確実に発達していく。したがって，発達を見据えた適切な支援が必要である。そのためにも，まずは，読書能力の実態を把握しなければならない。把握には，「読書能力診断テスト」が有効である。

　小学校や中学校の通常の学級や特別支援学級に在籍する軽度の知的障害児に対しては，知的能力や読書能力の発達段階を考慮して，計画的に読書指導を行っていくことになる。読書指導の計画は，系統的な年間計画と個別指導計画の両方を立案することが必要である。個人差が大きいので一概にはいえないが，はじめはその児童生徒の属する学年よりも2年から3年程度下の学年の内容に照準を当てて指導を試みるとよい。読書能力の遅滞している児童生徒は，読書興味の発達も遅滞している場合が多いので，読ませる作品も，同様に2年から3年程度下の学年の児童生徒が興味をもつような作品からはじめるとよい。児童生徒の知的障害の程度にもよるが，中学や高校段階になれば，新聞や

雑誌を読むことが可能な程度にまで読書能力が発達するケースも少なくない。

　しかし，今日では，軽度の知的障害児よりも，中度や重度の知的障害児が増える傾向にある。中度や重度の知的障害児は，特別支援学校（養護学校）で教育を受けるケースが多い。中度や重度の知的障害児に対しては，一般的に，紙芝居や読み聞かせが試みられている。読み聞かせの対象は，絵本が中心となる。中学部や高等部段階になると，詩や文学作品の読み聞かせも試みられている。また，ペープサートやパネルシアターなどを用いて作品に興味を持たせることも有効である。一人で読むための指導も必要であるが，はじめは文章の意味を視覚的に理解しやすい絵本やマンガを用いて始めるとよい。読みに自信をもたせるために同級生や下級生に読み聞かせる機会をつくることも効果的である。

　なお，重度の知的障害に他の障害が重複している重度・重複障害児に対しては，読書活動や学校図書館の利用は困難であろうととらえる人も少なくない。しかし，布の絵本などを用いることによって，身体全体で感覚的に学校図書館メディアに親しませることが可能である。

　軽度の知的障害児から重度・重複障害児まで通う特別支援学校（養護学校）の学校図書館では，多様な発達段階の児童生徒に応じて，多様な学校図書館メディアを用意しておくことが，読書の支援を行ううえで重要になってくる。

d.　学習障害児と読書

　学習障害児とは，知的障害児と異なり，知的能力全般の発達に遅滞はないものの，読み・書き・計算の学習スキルのいずれかに障害をかかえる児童生徒のことである。従来は，ややもすると，"勉強できない子"とか"勉強を怠けている子"などととらえられてしまうことが少なくなかった。しかし，学習障害は，脳の微細な発達障害の一種であり，決して，本人の性格や意欲の問題ではないことを理解しておくことが重要である。

　学習障害の中心的な障害は，読みの障害である。なぜ読めないのかの原因は，まだ解明に至っていないが，いくつかの可能性が提示されている。たとえば，

アメリカでは，音韻認識障害が根底にあるとする見解が主流である。音韻認識とは，「たぬき」という語が，「た」「ぬ」「き」から構成されていることがわかるということで，1音ずつ分離しての操作が可能なことである。これができないと，1音と1文字記号との対応ができず，文字を読むことが困難になるとされる[17]。

　ただし，読みに障害をかかえる学習障害児は，まったく読めないというわけではない。年齢が上がるにつれて，逐字読みが可能になることが多い。それでも，飛ばし読みや読み誤りが多く，長文の読解や読む速度には問題が残るとされる[18]。

　では，こうした読みに障害をかかえる学習障害児の読書を支援するには，どういった手立てがあるのだろうか。すでに述べた音韻認識障害説に立てば，視覚的に受容した文字記号を聴覚的な音に変換し，把握するプロセスに障害があるわけなので，最初から，聴覚的に文字情報を受容できるように支援すれば，かなり障害を軽減できる可能性がある。つまり，耳で読書できるように支援するのである。実際に，視覚障害児・者用のデジタル録音図書だと思われてきたDAISYが学習障害児の読書支援にも有効であることが国際的に実証されつつある。また，読み聞かせや対面朗読などのサービスも効果的である。このほか，アメリカでは，国際読字障害協会（International Dyslexia Association）が，学習障害児の読書を支援するために，聴覚・視覚・触覚などの多感覚を利用した指導法を開発し，実践している[19]。

　しかしながら，わが国の学校図書館では，視覚障害児を対象とする特別支援学校（盲学校）の学校図書館を除くと，DAISYを収集，提供したり，対面朗読サービスを実施しているところはほとんどない。学習障害児の大半は，小学校や中学校などの通常の学校に在籍しており，今後は，これらの学校図書館でもDAISYを収集，提供したり，対面朗読サービスを実施し，学習障害児の読書を積極的に支援していく必要があろう。

【野口　武悟】

注

1) ハヴィガースト，荘司雅子監訳『人間の発達課題と教育』（玉川大学出版部，1995年）pp.30-181, 260-284.
2) 同上，p.61.
3) 阪本一郎『読書の心理と指導』（牧書店，1961年）p.29.
4) 同上，pp.29-30.
5) 図書館教育研究会編『新編学校図書館通論』（学芸図書，1997年）pp.158-160.
6) 阪本敬彦ほか『読書興味の研究』（野間教育研究所，1980年）pp.15-41.
7) 阪本一郎編著『現代の読書心理学』（金子書房，1974年）pp.129-134.
8) 増田信一・朝比奈大作『読書と豊かな人間性』（放送大学教育振興会，2000年）p.36.
9) 前掲5），pp.171-172.
10) 同上，pp.172-176.
11) 前掲6），p.34.
12) 日本図書館情報学会用語辞典編集委員会編『図書館情報学用語辞典』（丸善，2002年）p.232.
13) 阪本敬彦ほか『読書問題児の諸要因』（野間教育研究所，1969年）pp.1-4.
14) 日本読書学会編『読書による人格形成』（牧書店，1958年）p.250.
15) 佐藤泰正『視覚障害児の読書速度に関する発達的研究』（学芸図書，1984年）p.116.
16) 五十嵐信敬ほか『教職教養・障害児教育』（コレール社，2001年）pp.77-79.
17) 日本LD学会編『わかるLDシリーズ4：LDと医療』（日本文化科学社，2000年）p.31.
18) 同上，pp.32-34.
19) The International Dyslexia AssociationのURL（http://www.interdys.org）を参照（2006年9月24日閲覧）

第6章　児童生徒の読書と学校図書館, 司書教諭のかかわり方

第1節　学校図書館活動を生かした読書指導のあり方

a. 読書コミュニティづくり

　学校の教育活動(学習活動)において中心的な役割を果たすのは，もちろん児童生徒と教員である。そのなかでも児童生徒(子ども)は一日のなかでもっとも元気で，気力に満ちている状態にあって教育活動(学習活動)に集団として参加している。したがって教員はきめ細かく子どもの様子を観察しながら，学習意欲を喚起する工夫の一つとして学習集団のもつ力を活用して，読書活動を仲立ちにして成員のコミュニケーションをはかり，読書を生活化する指導を行いたい。そして子どもたちが読書を学習の基礎として自覚し，自立した生涯学習者として社会に適応し，生活課題を解いて行くことのできる力をそなえられるような読書環境を整えたい。まず，学校教育においては教員が子どもたちとともに「読書コミュニティ」づくりを行う一環として読書行事的な活動を設定することを提案したい。

　子どもたちは学校において，絶えず教員の指示や指導や助言に対しては期待と不安を無意識のうちにいだいて活動している。子どもが接している教員の一挙手一投足が子どもの思考や行動に大きな影響を及ぼすことを教員が自覚して教育活動を構想し，実践することが基本になることは生活指導のみか，読書指導においても変わりがない。

　そして，学校教育では文部科学省の見解を待つまでもなく「自ら考え主体的

に判断し，行動できる資質や能力を持った子どもを育てていくことが求められている」と理解すると，読書指導にあたっては学校図書館の効果的な活用により「子どもの読書意欲を高め，知的活動を増進し，豊かな人間形成や情操を育む」必要がでてくる。

そこで，日常的な読書指導とあわせて，とりたてて「読書行事的な活動」を実施して子どもの読書の活動を推進する意義を考えたい。読書指導の年間計画のなかに，読書行事的な活動を行う目的は，日頃の読書活動にアクセントを与え，行事的な活動を通じて子どもたちが，読書の楽しさや意義についての認識を深め，清新な，フレッシュな気分で読書生活を充実することを期待して行うものである。

読書行事的な活動は，学校の教育目標ならびに教育課程の編成にあたり適切な計画をたてて実施すべきだが，まず，読書行事的な活動を行うには前提条件がある。

第1に学校図書館の蔵書構成の充実を心がけつつ，図書資料の更新をはかり，鮮度の高い図書資料を組織することを積極的に行うこと。第2に司書教諭，図書館担当教諭，学校図書館担当事務職員，学校図書館支援ボランティア等，学校図書館関係者と一般教職員とが，協力体制がとれるように校内の校務分掌をはじめ組織を整備すること。第3に教育課程を編成する際に，教育活動に読書行事的な活動を位置づけること。第4に読書行事的な活動に子どもたちが自主的主体的に参加し，成就感，達成感を得られるように工夫すること。第5に読書行事的な活動を実行するときに司書教諭（または図書館主任）がコーディネーターとして役割を引き受けること，である。

b. 学校図書館を教育活動の中核に位置づける

学校で子どもたちの読書活動を効果的に推進するためには，「学校要覧」に明記する「学校教育の基本方針」や「指導の重点」のなかに，子どもの読書習慣の育成を明文化しておくことを忘れないようにしたい。教職員が勤務校の読

書教育の理念と方法について共通理解をもっていれば，指導の場に応じて指導方法についてはさまざまな創意工夫をはかることができるからである。

　従来ともすれば，読書指導は教員の個人的な努力や特別な研究指定校に限って計画的に行われていた傾向にあって，一般の学校の重点目標には反映されることが少なかった。したがって読書指導に熱心な教員が異動で去ったり，研究指定校を解かれたりすると，活動は跡形もなく消えてしまうことが多かった。

　しかし最近は「義務教育学校における学校評価ガイドライン」（文部科学省，2006年3月27日）の発表において「設置者等による支援や条件整備等の改善」の事項に「学校図書館の整備状況（学校図書館図書標準との比較等）」の事項が示され，評価項目，指標（物事の見当をつけるためのめじるし）の例として「教育課程・学習指導」の事項例に「学校図書館の計画的利用及び読書活動の状況」が掲げられるに及んで，多くの学校で学校図書館を活用した学校経営と読書活動の推進をはかっている例を「学校要覧」に見かけることが多くなってきている。したがって，読書指導への関心は高くなっているが，具体的な読書の振興が十分に進んでいるとはいいがたい。

c. 図書館活用教育としての読書行事的な活動

　学校図書館が「学校教育において欠くことのできない基礎的な設備であること」を教育活動のなかで実践するには年間計画を立てるべきである。その際には資料の受け入れや組織化など事務的なスケジュールとは別に，学習活動に関係した「図書館活用教育」の年間計画を作成するとよい。または「学校図書館行事」として日常の奉仕活動とあわせて利用指導や読書指導を円滑に行うための計画を立案しておくことも考えられる。

　また，学校の指導計画によっては「読書についての指導体系表」や「情報・メディアを活用する学び方の指導体系表」として指導の目標と学年の発達に即した指導内容を盛り込んだ計画表を用意して学校図書館を活用することが大切である。

まず図書館行事の実施に際しては，司書教諭が教育計画に参加し，図書館活動を企画立案し，教科，道徳，総合的な学習などの活動と関連づけて指導する工夫をすることである。さらに，学校の儀式的行事，学芸的行事，健康安全・体育的行事，遠足・集団宿泊的行事，勤労生産・奉仕的行事などに学校図書館を活用できるようなシステムを用意することが必要である。

　図書館行事を行う意義は (1) 利用者が図書館資料と図書館の機能を正しく認識し，親しみをもって活用する動機づけになること，(2) 読書生活を豊かに楽しく充実させる契機となること，(3) 図書館担当者の連帯意識が高まり，教育的にかつ研究的に活動することの意識が高まること，(4) 校内の協力体制が深まり，図書館利用指導の実践が広がること，(5) 地域社会の人や文化施設との相互理解や連絡が緊密になること，(6) 児童生徒，図書委員が行事をとおして教育的に成長すること，などである。

　また，いずれの行事を実施するにあたっても留意すべきことは (1) 実施目的を明確にして校内で十分な協力体制が整えられること，(2) 図書館が校務分掌のうえで組織の主要な位置付けを得ていて，司書教諭や係教諭が教育課程の編成において積極的にかかわりがもてること，(3) 行事を通じて図書委員の自主的な活動を促し，活動に参加することで，教育効果が期待できる取り組みとすること，(4) 図書館の施設・資料の一層の充実や人的配置の適正化をはかりつつ実施すること，である。

　なお図書館行事の取り組みを企画するときには，「子ども読書の日」(4月23日)，「読書週間」(11月3日文化の日をはさんで2週間) などの社会的な各種関連行事を考慮し，行事が効果的に実施できるように配慮したい。

　学校図書館の担当者が企画立案し実行することによって読書指導の効果を期待できる活動はさまざまで，学校全体で取り組む場合と学年単位または学級単位で行う場合がある。

　読書行事的な活動には「読書月間（週間）」「読書感想文コンクール」「読書感想画コンクール」「読書発表会」「読書座談会」「書評座談会」「読書標語コンクー

ル」「朗読発表会」「読書展示会」「読書郵便コンクール」「パネルシアター発表会」「ブックトークの会」など，多彩な活動をあげることができる。

　読書行事的活動は図書館という場を使って行うとはかぎらず，図書館の機能を生かして行う活動であることを理解したい。図書資料を活用することは当然だが，学習情報センターの機能を使って利用者と資料を適切に結びつけたり，子どもが友達と読書活動の成果を分かち合う取り組みでは，図書館の機器を活用して実践を深めることも視野に入れておきたい。読書活動に役立つ資料を探すときのファインディングシートやパソコンに取り込んだパスファインダーなどが利用できるように間接サービスを構築しておきたい。

第2節　読書指導と広報

a. 情報サービスの充実と読書と広報

　学校図書館は学校教育のなかで豊富で多様な資料をもつ情報拠点としての役割を備え，読書センター，学習情報センターとしての機能を発揮することができる。とくに司書教諭は日頃から「情報サービス」を積み重ねて児童生徒にはもちろん教職員が気軽に活用できる図書館を運営するように努めることによって，あわせて子どもの読書指導を効果的に行うことができる。

　実は，ある日，中学生が「のっと」という言葉がわからないと図書館に相談に来た。それは「梅が香にのっと日の出る山路かな」(芭蕉)のことだ，と担当者は知っていたが，教育指導として，辞書を見るように指示した。『日本語大辞典』(講談社)では見つからなかった。だが『古典語辞典』(ベネッセ)に「急に出てくるようすをあらわしぬっと」と解説してあった。この「ぬっと」を使った芭蕉の句は山路の梅の香りと朝日が急に出てきた感動を，当時のやさしい言葉で詠んだ句である。「軽み」などと呼ばれる句である。そこで学校図書館側としてはもう一歩相談者に出前サービスをすることになった。

　つまり，相談者を書庫に案内する。良書だが古色蒼然とした『日本古典文

学大系』(岩波書店，1959年)は排架の魅力にかかわるので書庫に別置してある。その大系のなかから「芭蕉句集」を取り出して相談者に示した。句集には「むめがかにのっと日の出る山路かな」とあり，この句は芭蕉の「炭俵」に収められていて，軽みの句の代表作だと解説がついていることを相談者は知ることができた。

そして相談者は「のっと」の意味のほかに，梅について「むめ＝うめ」と表記していることに気づくことができた。一つの言葉調べがきっかけで，図書館が「不思議発見の情報センター」であることを発見した相談者は，その後，頻繁に図書館を訪れて立派な読書家に成長した。

このように学校図書館は，単なる無料貸本屋ではなく，知の探索，探求の場として利用者の知的探求心をゆさぶる魅力ある場であることを広く知らせることが，やがて「読書センターとしての心のオアシス」として活用されることにつながってゆく。

まず，司書教諭を中心とした学校図書館にかかわる人々は学校図書館が疑問に答えてくれる情報センターであるということを利用者に理解されるようにサービスに努めたい。

そして情報サービスのなかの第一に，「情報を求めている利用者に対して図書館員によって提供される人的援助であるレファレンスサービス」があること，次に問題や課題によっては，その場で即答できないときに外部の専門機関に問い合わせたり紹介する「レフェラルサービス」や利用者の希望にそって最新の情報の速報を提供する「カレントアウェアネスサービス」などがあることを利用者が便利だと経験すると，利用者は図書館を積極的に訪れるようになる。そしてまた，気軽に「読書相談」を楽しむ子どもたちが出てくることによってますます「頼りにされる学校図書館」になることができる。つまり子どもの読書活動を推進するには「資料豊かな頼りになる図書館」は欠かせない。

さらに，学校には学習活動に通じた専門的知識をもつ教員がいるので，図書館活用にあたって，公共図書館とは異なる貴重な人的資源を備えている。そこ

で司書教諭は学校図書館奉仕と読書指導において、人的資源としての教職員の力量を組織して情報サービスをはかり、読書活動推進の広報に努めたいものである。

b. 「図書館だより」(広報) と読書の指導

　図書館活動を周知するために館種を問わず「図書館だより」は頻繁に発行されている。学校図書館においては奉仕・広報活動として工夫された「図書館だより」に接することが多い。最近では学校図書館において「児童・生徒用図書館だより」「職員用図書館だより」「保護者用・おとなの図書館だより」と3種類も発行して学校図書館を活用した教育について理解を深めようとしている例としては山形県鶴岡市立朝暘第一小学校がある。

　この学校は「図書館だより」発行の目的を図書館へのいざない、子どもに本を読んでもらいたい、図書館を生活や学習のなかに活かしてほしい、としている。そして「読者参加型図書館だより」として読んでもらえる「図書館だより」をめざしている。

　「図書館だより」は公共図書館でよく見かけるように図書館活動の案内、利用の手引きとして、いわば「図書館からの通知」「おたより」として発行されている。そして学校図書館においても図書館からの通知資料として発行されることが多い。

　しかし、学校図書館は「学校図書館基準」(文部省『学校図書館運営の手引き』明治図書、1959年)が示すように機能として、「学校図書館は奉仕機関である」とともに「学校図書館はまた、指導機関である」ことを理解して運営し、その活動を組織しなければならない。したがって「図書館だより」の編集と発行にあたっても教育的な観点から企画し発行したい。

第3節　個別指導と集団的指導

a. 個別指導

　読書指導について「読書は個人的，個別的な行為である」といわれることが多い。しかし学校教育にあっては，広義の読書による人間形成がはかられているのであって，個人の読書興味，関心，態度，読書方法の技術能力，読書を仲立ちにした人々との交流（コミュニケーション）の能力の形成，読書の生活化や読書習慣づくりは，所属する集団と個人との力学的な関係で養成されるものであり，単純ではない。また教育には実現すべき目標と，それを達成するための教育方法がある。

　読書指導の方法の原則としてよく知られて言葉に「適書を，適者に，適時に」(The right book for the right person at the right time.) があるが，この言葉は読書の個別指導をよく言い表している。

　そして教室において子どもたちが一斉に読書に励んでいても，一人ひとりの読書活動は同じではない。本のなかで関心をもつところや感動する箇所も一様とはいえない。また読み取り方や読む速度や理解力も多様である。さらに子どもたちの成長に合わせてどのくらいの読書経験をしてきているか，生活体験があるかで読み取り方も変わってくる。

　たとえば，ウクライナ民話『てぶくろ』（ラチョフ絵，内田莉莎子訳，福音館書店）を読んで，冬の森の中に落ちていた手袋に7匹もの動物が入りこんで過ごす奇想天外な面白い絵本に引き込まれて喜ぶのは何遍も物語の楽しさに魅せられている子どもたちである。

　お母さんに叱られて夕飯抜きで寝室にほうり込まれたマックスが怪獣の国で怪獣踊りを体験してようやく寝室に戻ると温かい夕食が用意されていた『かいじゅうたちのいるところ』（センダック作，神宮輝夫訳，富山房）の現実から空想の世界を行き来する楽しさに気づくのも絵本の読書経験が豊かな子どもである。

b. 個別指導の方法

　まず指導者は個々の子どもを十分に観察し，理解しながら読書指導をすすめたい。子どもをじっくり観察すると，社会の動向や置かれている環境の影響や人間関係，親子読書や文庫での活動など読書歴によって子どもの読書の特徴や本に対する嗜好などが見えてくることがある。指導者は子どもたちの成長の過程における個性と能力の発見につとめて読書の生活化をすすめることに役立つように指導を工夫したい。

① 家庭の理解を促す取り組み

　読書指導にかぎらず，学校教育で実施している活動は家庭の理解を基礎に成り立っている。そこで，「本など読まずに勉強しなさい」と口癖になっている保護者に対して読書が学力の基礎を培うことをPTAの会合や「図書館だより」や「学級通信」，面談などの機会をとらえて理解を促すことが大切である。そのために，折に触れて「読書を通じて子どもを理解する」ことの大切さを説明するとよい。

　小学校低学年のころは親子で，兄弟で互いに読み聞かせをして楽しんだり，成長するにしたがい，読書の内容について家庭の会話の話題にのぼることを奨励したい。とくに　読書の個別指導として大切なのは「生活習慣としての読書習慣」の形成である。とくに小学校では「学校と家庭に読書のベルト」をかけるつもりで個別指導を工夫するとよい。

② 読書相談による指導

　読書相談というと図書館のカウンターで受け付けるとか，あらためて身構えて質問者に応接するといった感覚で受け取る者がいるかもしれないが，ここでは子どもたちと気軽に読書に関する諸問題で言葉を交わすということである。「どの本よもうかな」と考える子どもの相談にのるだけではなく，「この本だいすき」といえる子どもを増やす試みである。

　また学校図書館は読書／学習・資料センターとして特定の場所に設置された設備であるが，学校という施設のなかで機能的に活用できることが理想であ

る。したがって館内という特定の場所にかぎらず，場所を選ばず，教育活動を行っているところでは，必要に応じて子どもと読書に関する相談に応じるべきである。学校によっては，学級文庫を設け，持ち寄り文庫や学校図書館の分館として子どもに活用されている場合がある。学校図書館は公共図書館と異なり子どもの学習活動の指導機関である。したがって教員は子どもから求められなくても読書活動の推進を意識的にすすめて個別に子どもにはたらきかけていくことが求められる。教員が「おもしろい本，何かないかな」とか「最近，何を読んでるの」と声をかけるとよい。たとえば一日3人3回，声をかけると思わぬ副産物が生まれることがある。教員が推薦する本を持って声をかけ，本を仲立ちにして会話がはずむように努めたい。英語科の教員が英語と対訳の『はらぺこあおむし』(エリック・カールさく，もりひさしやく，偕成社)を利用して個別指導から集団的な読書の奨励に効果をあげた例がある。

③ 読書記録による指導

　一般的に読書を行い，読後にいちいち記録を残すようなことはしない。しかし子どもに発達に応じた読解力，語彙力，作文力，文法力がそなわってくると，言語の基礎能力を生かして読書の成果を自己検証する機会を設ける指導は意義がある。読書記録による指導は学習者にとっては自己点検，自己検証，考察の資料となり，改善，発展を期待できる。指導者にとっては子どもを理解する資料となり，次の指導・支援の活動の展開に役立つ。

　●個人カード・個人読書カードの利用　　学校図書館を利用するときに使う個人カードや読書の指導に使う個人読書カードなどは，利用目的によって記載事項が異なるが，読書の記録を残す工夫として有効である。いずれも子どもが自分の読書記録を読み，読書歴を確かめる資料として活用できるようにしたい。学校図書館の個人カードは貸出(借りた)記録であり，読書指導に活用する個人読書カードは読んだ図書の書誌的な記録とともに短い感想や内容紹介，気づいたことを記すことができる。教員は子どもの読書意欲，興味，関心を開発し，読書領域の拡充に配慮する手がかりとして記録を活用したい。その前提と

して教員が児童図書に精通していることが必須条件となる。

● 読書日記，読書ノートの利用　子どもが書きやすいノートを用意し，各自で記録をつける。記録を付けるとき，書名，著者名，出版社など書誌的事項を忘れずに書く指導を続けたい。心に残ったフレーズを書き写す，感想を書くなど指導の意図に応じて工夫するとよい。ただし，書く行為は読書で育つので「本に読み浸る指導」とあわせて実施したい。書くことが重荷で子どもが読書から離れるような指導は本末転倒である。教育活動として子どもが読書活動を記録に残してゆく喜びを組織したい。

● 読書感想文，感想画で表現する指導　読書感想文や感想画は読書して感じたことや考えたことをじっくり反芻し確認した後に文章や絵に表現した記録である。とくに読書感想文は自己表明，自己発信の文章であり，備忘録と異なり，他人に本の内容と感動の焦点を分かりやすく述べて感動や知識を分かち合うのだと心がけて表現した文章でありたい。子どもが読書を楽しみ「鑑賞力・批判力を含めた読書力」を養うことができるようにすること，いたずらに書物に跪くことなく，目的に応じた図書の選択力をもち主体的に読書する子どもを育成することを目的にして指導したい。指導に際しては教員は「赤ペン」先生になるのではなく感想文を仲立ちにして本や読書の話題を深めることが大切である。教員が熱心のあまり子どもの文章に筆を入れすぎると本人は不本意に感じて反発することが多い。じっくり面談して本人が推敲しさらに充実した読書活動を行う態度や能力を培うことができるように指導したい。

c.　集団的指導

　読書は，個人的な行為であるが，個人が読書という精神的な技術を獲得し，読書活動により「言葉を学び，感性を磨き，表現力を高め，創造力を豊かなものにし，人生をより深く生きる力を身につけていく」過程では個別指導とともに集団的指導に配慮しなければならない。集団的指導は個別指導に対し「集団の指導」という意味で設定した言葉である。

まず語意の紛糾を避けるため,「個人読書」に対する「集団読書」という読書行為を考察しよう。読書に関して,人々の集団のもつ営みに注目し,そのはたらきに即した読書行為をとりたてて集団読書と呼ぶことにする。集団読書とは,読書を目的に集う集団の成員間の啓発性と心理的に緊張した力関係を活用し,成員が相互に読書経験を交流し,読書を通じて集団思考を深め,事物にたいする認識を新たにして自己変革をはかり,読書する個人のみならず集団そのものが,向上発展することを目的に行われる読書の営みである。

　集団読書という用語は,第2次大戦後に労働組合やサークル活動のなかで,読書会活動が活発に行われるのと軌を一にして使われてきた。集団読書についてのまとまった出版物は『これからの読書：集団読書への案内』(富岡隆著,合同出版,1956年)を嚆矢とする。この本では集団読書の学習効果と仲間づくりが強調されている。教育研究活動のなかでは,第8回全国学校図書館研究大会(1957年,札幌大会)において,集団読書分科会を設けて討議したのが最初であった。当時はテレビの普及が著しく,映像メディアが子どもたちに受け身の思考を促し,主体的な思考を阻むのではないか,という観点から集団読書により,読書興味を誘発し,集団思考を通じて創造的知性を養うことに関心が集まっていた。

　読書は,明窓浄机,端座して行う場合を別にして,学校教育で教育的な意図のもとに行われる読書の大部分が集団読書の営みになる。また教員の指導と支援で子どもたちが自主性と主体性をもって,たがいに意見の交流を行い読書を楽しむ読書仲間をつくり,読書を生活に生かすすべ(術・方法)を学ぶ。集団読書から読書文化を築くことができよう。

d. 集団的指導の方法

　学校(小・中・高校)は学級を基礎に教育活動を行っている。したがって読書指導においても特定の集団を対象に集団的指導を行うことが多い。なかでも典型的な事例を示すと,読書の動機づけ指導として,「読み聞かせ」「ブックトー

ク」「ストーリーテリング」がある。また子どもの読書事実を前提として行う指導に「朝の読書」「読書会」「書評座談会」「読書クラブ」「アニマシオン」などがある。

第4節　学校図書館における読書事実とプライバシー

　ところで学校図書館は，その活用に関して，奉仕機関であるとともに指導機関であり，教育活動を遂行するために設置運営している設備であることに鑑み，公立図書館と機能においては異なる。とくに教員は教育を掌る任務を果たすべき職務にあり，子どもの生育歴（病歴を含む）から家庭事情，環境条件，友達付き合いから思考・行動，発達状況まで教育にとって必要な事実はできうるかぎり理解していなければ，的確な指導は不可能である。子どもたちの不登校，犯罪，いじめを含めて不適応となる行動には必ず原因がある。教員が子どもを理解するための活動は，的確に行われる条件が失われると，子どもに対する指導，助言，支援，教育が阻害を受けてしまう。

　そして読書指導では子どもたちが各自の読書事実をもとに読書の楽しさを仲間と共有し，意見を交わしつつ交流を深めることが必要である。学校図書館にある図書は資料であるとともに，広い意味での教材である。子どもや教職員に活用してほしい図書が学校の教育目標にあわせた選択を経て排架してあるので，公然と利用すべき資料である。

　たとえば高学年が絵本を読んでいることに恥ずかしさを感ずるような心境になったり，性の学習に関する図書を必要とするにもかかわらず他人の目が気になって利用できないとすれば，図書館活用の指導が不徹底である証拠である。ある子どもが読書事実を他人に知られたくない，とすればそのことの原因をもとに指導の手がかりが生まれてくる。

　仮に，子どもが友達の読書事実を知って，なにかにつけて非難中傷したり，あげつらうようなことがあれば「読書の自由とは何か」を指導する好機とな

る。学校教育において成員間で読書事実を知らない，知らせないことが読書の自由を保障することではない。読書の自由の本質を指導しなければ，読書活動はあっても読書教育・読書指導は存在しない。

学校図書館では子ども個人の読書記録を残し，卒業時に記念カードとともにそれまでの読書記録を贈呈（返却）するという読書の奨励の方法をとっている学校も多い。

学校の読書指導では，指導目的により推薦図書を掲げたり，発達段階や学年の進行に合わせた必読図書や指定図書を設けたり，読書感想文コンクールとは別に課題図書を設けて指導する。これらの指導は子どもたちが読書過程で本を通して考える力を養い，読書の喜びを教員や友達と共有し，こころの絆を深めることができる教育方法の一つである。

最近の学校図書館には機械可読目録が備わり，資料の貸借はカードレスになり，個人で記録を必要としない仕組みになってきたが，読書の指導においては，個人読書カードや指導目的に応じた読書ノート，その他の読書記録を活用すべきである。教員は個人の読書歴も学級集団の読書歴や読書記録も活用し，子どもたちのコミュニケーションをはかりたい。そして読書の喜びを体得し，読書を人間の権利と考え，生活のなかで読書環境の整備をはかり，自主性と主体性をもって社会に適応できる人格を形成できるように指導したい。

学校図書館の活動や読書指導においては，公立図書館がその目的を達する手段として設けている組織の活動とは異なり，指導機関として教育に必要な資料の扱いをすべきである。読書事実とプライバシー（他人の干渉を許さない，各個人の私生活のうえの自由）の問題については，公立図書館の運用における解釈と適用とは違うことを認識すべきである。

すなわち読書教育・読書指導によって発達段階に応じて読書の自由の意味を教え，他人の読書事実に干渉したり，妨害しない態度を育成することが大切である。教員は読書指導の目的に応じた活動の形態と内容を慎重に研究して教育実践を深めたい。

第5節　良書と悪書

　一般的な言葉として辞書(『広辞苑』岩波書店)を引くと，良書は「良書とは良い書物，有益な書物のことである」とあるが，悪書は出てこない。
　読書指導は指導者が「良い本」(良書)を子どもにすすめて行うものだというのは短絡的にすぎる。子どもは良書であっても個性や能力にあった「適書」と出会わなければ読んだ事実だけで終わってしまう。したがって，教員は「子どもの発達にあった適書」を選んで子どもが自ら本に手を伸ばせるように動機づけ指導をすることが大切である。
　ところで「悪書」という言葉は辞書にはないが，自治体(東京都)の「青少年の健全な育成に関する条例施行規則」のなかに「不健全な図書」(不健全図書)という名称がある。その条例の「不健全な図書類等の販売等を規制」する基準に次の記述がある。

　　　全裸若しくは半裸又はこれらに近い状態の姿態を描写することにより，卑わいな感じを与え，又は人格を否定する性的行為を容易に連想させるものであること／性的行為を露骨に描写し，又は表現することにより，卑わいな感じを与え，又は人格を否定する性的行為を容易に連想させるものであること／暴力を不当に賛美するように表現しているものであること／残虐な殺人，傷害，暴行，処刑等の場面又は殺傷による肉体的苦痛若しくは言語等による精神的苦痛を刺激的に描写し，又は表現しているものであること／自殺又は刑罰法規に触れる行為を賛美し，又はこれらの行為の実行を勧め，若しくはそそのかすような表現をしたものであること／自殺または刑罰法規に触れる行為の手段を，模倣できるように詳細に，又は具体的に描写し，又は表現したものであること

　ところで「不健全図書」や「有害図書」とは呼ばないが，読者に誤った理解を植え付ける図書は「良書」に対して「悪書」というより「不適切な図書」で

ある。

「不適切な図書の条件」を列挙してみよう。

(1) 語義，語源，用例等の記述に重大な誤りがある図書。(2) 記述内容に人権擁護に照らして問題があることが明らかな図書。(3) 技術書・実験書で記述内容に安全のうえで問題があることが明らかになった図書。(4) 用紙，印刷，造本が粗悪な図書。(5) 歴史書であるのに神話と伝説と現実の混同が著しい図書。(6) 盗作や剽窃の著しい図書または著作権に対する配慮が著しく欠けている図書。(7) 論旨が一貫していない図書。(8) 間違った内容の図書。(9) 独自の主張を展開するために，事実を歪曲して話を進めている図書。

つぎに「適書選択の基準の参考事項」をあげてみよう。

(1) テーマ・内容：主題の取り扱い方は新鮮で創意工夫が見られるか。内容に独創性があるか。／正しい知識や研究の成果が述べてあり，新しい知見や方法が紹介されているか。／事実の叙述は，科学的に正確であるか。／引用文や図版・統計などは原点・原拠が必要に応じて示されているか。／児童・生徒が学習や研究を行うのに適切であるか／人間尊重の精神が一貫していて，自己確立やたしかな批判精神および豊かな情操を育てるものであるか。／真理と正義を愛し，平和を希求する精神に支えられているか。

(2) 表現：子どもの発達段階に即しているか。／挿絵・図版などは本文を理解するのに適切であるか。／漢字やかなづかいは，適切であるか。

(3) 構成：読者対象に応じて立論し，過程や考え方を重視した内容構成になっているか。／目次・見出しの表現や位置に配慮し，必要な索引及び書誌的事項は適切か。

(4) 造本・印刷：製本・装丁・活字／組版（行間・字づめなど）・判型・紙質は適切か。／印刷は鮮明で見やすいか。　　　　　　　　　　【黒澤　浩】

参考文献
・阪本一郎ほか編『新読書指導事典』(第一法規，1981年)

- 日本子どもの本研究会編『子どもの本と読書の事典』（岩崎書店，1983年）
- スティーブン・クラッシェン，長倉美恵子ほか訳『読書はパワー』（金の星社，1996年）
- 黒澤浩編『新学校図書館入門』（草土文化，2001年）
- 黒澤浩ほか編『新・こどもの本と読書の事典』（ポプラ社，2004年）
- 全国学校図書館協議会「学校図書館五十年史」編集委員会編『学校図書館五十年史』（全国学校図書館協議会，2004年）
- 山形県鶴岡市立朝暘第一小学校編著『こうすれば子どもが育つ学校が変わる』（国土社，2003年）
- 山形県鶴岡市立朝暘第一小学校編著『みつける　つかむ　つたえあう』（国土社，2006年）
- 五十嵐絹子著『夢を追い続けた学校司書の四十年』（国土社，2006年）
- 全国学校図書館協議会絵本委員会編『よい絵本』（全国学校図書館協議会，2005年）
- 日本子どもの本研究会編『どの本よもうかな』1・2年生（国土社，2000年）
- 日本子どもの本研究会編『どの本よもうかな』3・4年生（国土社，2000年）
- 日本子どもの本研究会編『どの本よもうかな』5・6年生（国土社，2000年）
- 日本子どもの本研究会編『どの本よもうかな』中学生版，日本編（金の星社，2003年）
- 日本子どもの本研究会編『どの本よもうかな』中学生版，海外編（金の星社，2003年）
- 『子どもの本棚』（子どもの本の月刊書評誌）（日本子どもの本研究会，1972年発刊）
- 『学校図書館』（月刊誌）（全国学校図書館協議会，1951年発刊）

第7章　読書イベント，児童生徒の文学的諸活動

第1節　読書活動を充実させるために

　読書活動は児童生徒の発達段階や，児童生徒の実態に応じて実施されるべきものである。めざす学校像や児童像・生徒像との関連性をおさえることも求められる。
　読書活動は，具体的には，次のようなものがあげられる。
・読書集会，読書交流会，読書発表会，朗読（音読）発表会
・朝の読書
・読書感想文コンクール，読書感想画コンクール
・講演会
・読書会，読書座談会
・読み聞かせ，ブックトーク，パネルシアター
・読書展示
・図書委員会，図書係，学級文庫
・読書クラブ等のクラブ活動・部活動
　このようにきわめて多岐にわたるものであり，これらは，授業，特別活動，学校行事での位置づけを明確にしたうえで実施される必要がある。
　読書活動の推進のためには，校内でのさまざまな連絡・調整が必要となる。司書教諭は教務主任や研究主任らと連携を密にしながら，学校の読書活動の充実をはかるための推進役や調整役となることが求められている。個々の活動が

有機的に結びついてこそ読書活動の充実が実現されるのであり，司書教諭には相互の関連性をはかる配慮も求められるのである。

第2節　読書活動計画のための考え方

a.　学校の特色化の視点としての学校図書館を中心とした児童生徒の活動

　読書活動の充実を学校の特色化に位置づける学校が多く見受けられるようになった。読書活動においても地域に根ざす学習活動の展開や，1単位時間の弾力的な運用などの教育課程の経営によって創出される。読書活動の計画に当たっては，他校と異なる教育活動を考えるのではなく，児童生徒の実態に即した活動を創出することが大切である。また，小・中学校においては，保護者や地域の思いや願いを斟酌した活動の実現に努めることも大切な視点である。いずれにしても，読書活動を通して，子どもの可能性や良さを引き出していくことが欠かせない。

　学校では国語科で読書についての学習を行うことが多いのだが，読書に対する意欲や態度，読書力を育てるためには，第1に教育活動に読書を位置づけるように見直しを行うことである。読みの教育は国語科のなかだけで行われるものではなく，人間の一生を通じて自己教育として行われていくものである。第2に地域の特色，家庭・地域社会の教育力を生かすことである。第3に体験と読書が結びつくような活動を工夫することである。読書環境を創造していくためには，学校図書館活動を教育課程に明確に位置づけて，子どもの読書活動を支援する必要がある。

　これらの考え方に基づき，以下のような読書活動のための工夫が考えられる。

①　学校図書館の「学習・情報センター」としての位置づけをはかる
　・子どもが課題をつかみ，それを解決していくために活用する。

② 「読書センター」としての位置づけをはかる
　　・優れた図書を豊富に準備する。
　　・さまざまなメディアに親しめるようにする。
③ 読書生活単元の構想をはかる
　　・子どもの読書生活の充実に資するために，共通教材の読みの過程で生まれた疑問を解決したり，読みを深めるためにゲスト・ティーチャーを呼んで話を聞いたり，関連する地域の社会施設等の見学を実施したりする。
　　・発展学習としての読書材による調べ読みの過程で多様な読書活動を行う。
④ 読書タイムの内容の充実をはかる
　　・自由読書
　　・カセットテープによる文学鑑賞
　　・教師による読み聞かせ
　　・ブックトーク
　　・異学年の合同読書
⑤ 地域との連携をはかる
　　・子どもと本との多様な出会いの場面を創出するために，読み聞かせやブックトークなどで，地域の読書ボランティア等に参加してもらう。
⑥ 家庭との連携をはかる
　　・PTA活動に位置づけての保護者による読み聞かせ

b. 学習資源としての家庭・地域社会

「地域」には，自然環境，地域の人材，商店街，大学，企業，社会施設，非営利活動団体（NPO）など，多様なものが存在している。

教育活動に対する地域の人材へのかかわり方は次のように分類される。読書活動においても，どのようなかかわり方で実施するのか，児童生徒の実態や地域の実態に即して計画する必要がある。

① 教科指導支援型（個別指導，グループ指導，講演等）

② 付き添い型（校外学習時，調査，取材等）
③ 手伝い型（奉仕活動等）
④ 学習参加型（児童と一緒に遊ぶ）

片村恒雄は「地域社会における教育」には、「学校を中心として、公民館や図書館などの教育施設が営む計画的意図的な教育」、「地域の教育力」としての「地域における人間関係，文化環境，自然環境の中で無意識的に行われる教育」とに分けて考えた。後者を積極的に活用した地域学習材による単元を組むことに次のような意義を指摘した[1]。

① 子どもがその対象物を自分との係わりにおいて把握することが出来ること。地域にある学習材の文化的価値，自然物としての価値などを知ったとき，対象物は子どもにとって掛け替えのない存在に変わっていくということ。
② 学習材が具体物であることが多く，具体的なものによって行われる学習によって，形式的で抽象的になりがちな学習を具体的で，イメージ豊かなものにし，生きた知識や行動様式として身に付けることが可能になること。
③ 地域社会に入っていって学習することを通して，資料を収集する能力や収集した資料を分析し解析する能力を養うことができること。
④ 地域の人々と交流することによって，社会規範を学び，その生き方に触れて人間性の確立に資すること。
⑤ 地域社会に出て，資料を収集し，人々と触れることによって，子どもの生きた言語活動が活発に行われて，言語能力の養成にふさわしい学習活動が行われるということ。

子どもが学校を基盤とした家庭・地域社会のなかで，「話すこと・聞くこと」，「読むこと」，「書くこと」の双方向の多様な学習を積み重ねていくことにより，言語活動能力だけではなく，言語技能を育成したり，自覚的な言語生活主体を形成したりすることができる。

読書活動の計画にあたっても，このような観点に立って，地域の社会資源や人材を積極的に活用することが必要である。

第3節　読書活動の展開

a. 学級活動・ホームルーム活動や学校行事に位置づけた取り組み
① アサドク（朝の読書）

　朝の読書は，1988年に当時の船橋学園女子高校（現在，東葉高校）の林公，大塚笑子の両教諭が提唱し，実践を始めたものである。

　当時，社会科担当の林教諭は，校舎内の落書きや授業中の私語など，生徒の心が荒んでいることに心を痛め，生徒の心を開き，主体的な姿勢をつくりたいとの思いをもっていた。たまたま出会った『読み聞かせ　この素晴らしい世界』（ジム・トレリース著，亀井よしこ訳，高文研，1987年）[2]のなかで，アメリカの小学校での10分間の黙読が生活態度や読書習慣に変化をもたらしたことに共感し，朝の読書を着想した。職員会議で提案しても，反対意見のため，実施できなかった。

　一方で，大塚教諭は読書が生徒の心の安定と生活指導に有効だとして，すでにホームルームで独自の読書指導を実践していたので，林教諭の提案を自分のクラスの生徒に示し，早速実践を始めた。生徒が黙々と読書に集中する姿に驚いたという。

　両教諭は朝の読書のルールとして次の4原則をあげた[3]。

① みんなでやる
　　クラス全員が同じ時間に一斉に行う。全員やることで，一人では読まない子どもも自然に本に向かうようになる。子どもたちだけではなく，教師と教職員も同じ時間帯に同じ条件で取り組む。
② 毎日やる
　　1日10分という短い時間であれば，子どもたちの集中力もまた短い時間でも継続することで生徒の読む力は確実に伸び，習慣化につながる。
③ 好きな本でよい
　　読む本は子どもたち自身に選ばせる。自分の意志で選ぶことが興味を抱かせ，主体性をはぐくむことになる。

④ ただ読むだけ
　本を読む楽しさを体感することが目的で，子どもたちの心の負担になる感想文や記録を求めないことが継続につながる。

　朝の読書により，「当時の学校の本を読めない子が読めるようになった」，「集中力がついた」，「読解力が高まった」，「語彙が増え言語能力が伸びた」，「遅刻が減少した，授業にスムースに入れるようになった」，「生活のスタイルが変わった」，「自信と誇りを持てるようになった」などの効果をもたらしたという。
　その後，マスコミで取り上げられたことなども手伝い，急速に全国に広まった。朝の読書推進協議会が設立され，実践の母体としてのさまざまな活動を行っている。2006年10月現在では小・中・高合わせて2万3189校にのぼる。
　全国の実践事例を見ると，朝の読書は教科などの学習のための読書とは異なり，生きる力の育成，心の教育，生活指導を目的として導入する学校が多く見られる。また，全校一斉の読書は教師や児童生徒の主体性を失うとか，読書は強制的に行うものではないなどの批判的な見方があり，同僚の共通理解が得られないことが導入にあたっての最大の課題といわれている。
　したがって，いきなり全校一斉での導入が難しい場合には，担任するクラスや授業のなかで実践して生徒の声をまとめる，学年での実践から始めて同僚に生徒の様子を見てもらい，徐々に理解者を増やしながら拡大していくというのが有効な手段となる。
　また，前述の4原則を遵守することや，十分な本を確保するなどの読書環境の整備も併せて進めていくことが継続的な取組みを促すことになる。東葉高校では，学級文庫を充実させるようにしている。
　一般的に読書指導といえば，教科等の時間に読書の時間を確保し，重点的に読書指導を行い，読書力の向上をはかるための単元を設定するという考え方に立ちやすい。しかし，読書はある特定の場面だけをとらえて行えばよいわけではなく，継続的な読書を通して，児童生徒が読書生活を創出することが大切である。この意味でも，朝の読書は，教育活動にありながら，それ自体を評価の

対象にせず，教師もまた読書という行為を子どもたちと同じ立場で行うことに画期的な発想の転換と意義が認められ，読書コミュニティを創出する教育実践といえる。

② 読書集会や読書交流

校種によっても違いがあるが，読書集会による読書活動がある。読書推進を目的として，自校の児童生徒の実態に合わせた活動を考え，学校教育の全体計画に位置づけ，計画的・組織的に取り組むことが必要である。

読書集会は主に小学校での実践が多く見られる。その場合，児童主体なのか，それとも教師主導で行うかによっても内容が異なり，どちらにしても，子どもたちの読書意欲を高めることが目的である。形態としては学級読書集会，学年読書集会，全校読書集会，学校図書館による読書集会があるが，ねらいに応じて集会のもち方を考えることが大切である。異学年の交流を取り入れ，読書を介した交流の工夫をはかることも考えるようにしたい。

読書集会は読書をことさら強調せずに，読書嫌いの児童を取り込みながら，自然に読書に親しむ雰囲気づくりを進めることができる。

一方，中学校・高校での実践例はまだ少ないが，読書週間を活用しての読書感想発表会や音読・朗読会，ブックトークなど，生徒の読書の世界を広げるための発表や交流の場として設定したい。読書の好みも人間関係と同様に固定しがちな段階でもあり，知的好奇心を刺激し，読書の幅が広がるように工夫を試みることが肝要である。

③ 読書週間，読書感想文

全国学校図書館協議会と毎日新聞社の主催で，都道府県の学校図書館協議会の協力のもと，毎年，青少年読書感想文コンクールが実施されている。これは，児童生徒，勤労青少年を対象に，読書活動の振興を目的として1955年に始まった読書運動である。

小説，物語，童話，詩，戯曲などを第1類，第1類以外の図書を第2類，主催者が指定する課題図書を第3類としている。教科書，学習参考書，雑誌は対

象図書とはならない。小学校低学年（1年から3年生），小学校高学年（4年から6年生），中学校，高等学校の応募区分がある。

　このコンクールは勤労青少年を除いては学校単位での参加であり，個人応募はできない。したがって，学校での読書指導の一環として行われる。児童生徒が書いた読書感想文は，校内審査，地区審査，都道府県審査を経て都道府県代表作品が選ばれ，中央審査会で審査される。内閣総理大臣賞，文部科学大臣賞，全国学校図書館協議会長賞などを選考する。入賞作品と都道府県代表作品は，毎年3月に刊行される読書感想文集「考える読書」(毎日新聞社刊)にまとめられている。

　読書感想文は，戦後の民主主義教育の発展の過程で生まれたものであり，戦前は国定教科書の教材を中心とした授業が行われていたため，子どもたちが自由に感想をもつという教育実践はなされることがなかった。わずかに綴り方教育のなかに，子どもの目線に立った教育実践として，自由に感想を述べるという発想が見られる程度である。

　一方で読書感想文を書くことが読書離れを生むという批判も見られる。これは読書感想文を書くことが夏休み中の課題として児童生徒に課されるだけで，日頃から読書感想をもつように学習環境の整備がなされておらず，読書感想文を書くことだけを目的にしてしまうことに起因している。日頃から次のような意識的な取り組みを行う必要がある。

① 教師は自由読書を緩やかに奨励し，読書を特別なこととは思わせず，日常生活のなかで自然に読書が習慣化するように読書意欲の向上と定着に努め，読書生活の創造に自覚的に取り組むようにする。
② 児童生徒の一人ひとりの主体的な読書を継続させるために，読書ノートを導入したり，短い感想のコメントを書いたりする機会をできるだけ設けるようにし，感想を書くことへの負担感を減らすように努める。
③ 国語の授業や学級活動・ホームルーム活動において，日頃から読書感想を話し合ったり，発表したりするなどの読書感想の交流を行い，児童生徒が主体的に読書感想をもつ学習環境を整備する。

> ④ 感想文を書くことだけや書き方の技術の指導を目的にせず,本を読んで自ら感じたことや考えたことを自分自身の言葉で表現できるよう,国語の授業で扱った作品の感想文を書く機会をできるだけ設けるようにするとともに,読書感想文について学習する単元を読書感想交流の一部に位置づけて設定する。

④ 文集づくり(卒業文集)

　学校図書館を活用して,卒業文集や遠足,校外学習,修学旅行などの学校行事の文集作りを行うことがある。文集づくりは教室で自己の記憶だけを頼りに書くこともできないわけではないが,児童生徒が自己の記憶をたどりやすくするためにも,より工夫を凝らした文集づくりを行うためにも,学校図書館の活用が有効な手だてである。

　卒業文集の場合は,校種にもよるが,内容の企画や装丁について,図鑑や画集雑誌を参考にする。また,企画的なページを設定し,在学期間中の社会的な出来事について新聞の縮刷版や年鑑などを調べて年表やコラムにまとめたりする工夫が考えられる。卒業式に向けて,文集作りに関連させて,卒業生のたどってきた歳月を資料によって展示すれば,在校生に対しても卒業の意味を深く印象づけることができる。これは小・中・高校それぞれでの実践が可能である。

　学校行事の後の文集づくりでは,事前の調べ学習との関連性をもたせて,出かけた場所についてあらためて地図や図鑑などで確認したり調べ直したりしながら,実感をともなって文集づくりに取り組ませるようにしたい。調べ直したり確認し直したりすることで,児童生徒が自己の体験をより深く見つめ直し,整理するための機会にしたいものである。

b. ボランティアによる読み聞かせなどの取り組み

　読書活動の一つに,総合的な学習の時間や部活動の一環として,児童生徒による校外での読み聞かせがあげられる。校外での読み聞かせは,読書を開かれたものにしていく活動として位置づけることができる。たとえば,高校生が地

域の図書館や公民館などで読み聞かせを行うことがあげられるが，秋田喜代美はこのような活動は「読書コミュニティ」を形成するものであるという考え方を示している。秋田によれば，「読書コミュニティ」とは「読書という話題に関して関心や問題を共有し，その分野の知識や技能を持続的に相互交流して生み出し，共有し実践を深めていく学習者ネットワーク」と定義している。読み聞かせという読書活動を通して，社会とつながることが大切である。たとえば，読み聞かせを通して，市民の読み聞かせボランティアともつながることができる場合があり，大人と子どもがともに「読書コミュニティ」の形成にかかわることになる。そのためには，司書教諭が中心となり，児童生徒を主体的に活動させながら，コミュニティ形成に協同的に参画していく態度を育成することが大切である[4]。

c. 図書委員会活動の取り組み

図書委員会活動は特別活動の「生徒会活動」に位置づけられる。

たとえば，平成10年文部省告示の中学校学習指導要領の特別活動の「目標」には次のように示された。

> 望ましい社会生活を通して，心身の調和のとれた発達と個性の伸長をはかり，集団や社会の一員としてよりよい生活を築こうとする自主的，実践的な態度を育てるとともに，人間としての生き方についての自覚を深め，自己を生かす能力を養う。

また，「生徒会活動」の内容は次の通りである。

> 生徒会活動においては，学校の全生徒をもって組織する生徒会において，学校生活の充実や改善向上をはかる活動，生徒の諸活動についての連絡調整に関する活動，学校行事への協力に関する活動，ボランティア活動などを行

うこと。

　主な図書委員会活動として，東海林典子は，学級での活動，学習に関連した活動，閲覧・貸し出し活動，資料整理活動，調査・整理活動，図書選定活動，整備・美化活動，広報活動，行事活動，蔵書点検活動，見学・研修活動をあげている[5]。

　教員の適切な指導のもとで，児童生徒の自発的な活動を促すことが大切である。年間活動計画を作成し，定期的な委員会の開催により，活動の充実と改善をめざして，自らの活動の自己点検を行いながら，主体的に取り組ませるようにしたい。図書委員会活動は地味であるが，地味な活動を毎日しっかりと行わせることが必要である。

　図書委員の目立った活動としては昼休みや放課後のカウンター当番や蔵書点検が一般的である。図書委員になる児童生徒は内向的な生徒が少なくない。したがって，指導にあたってもとかく学校図書館内に閉じられた狭い活動で満足してしまいがちであり，生徒も自己完結的な活動で満足してしまう。読書集会などの読書イベントの企画運営や学校内外での読み聞かせ，ブックトークなどを通して，児童生徒集団や地域社会の人々の前に立たせた活動を行い，プレゼンテーション能力を身につけさせるようにしたい。それらの積極的な活動を通して，図書委員の児童生徒の新たな人間形成がはかられ，図書委員会活動の特色化をはかることもできるのである。

　さらに，IT 社会が一層進展する今日では，図書委員もまた情報活用能力を身につけるという観点が必要であり，学校図書館に閉じこもってばかりいる必要はない。デジタルカメラやIC レコーダーなどを活用しながら外に出ての取材を行うことを通して，メディア活用能力やメディア・リテラシーを身につけさせ，情報センターとしての学校図書館活動の推進役を育成したいものである。

　中学校・高校では，図書館報や図書館新聞などの広報活動も，紙ベースばか

りではなく，積極的にホームページやブログなどの制作にあたらせるのも無理なことではない。教員の指導のもと，情報モラルについても学びながら，生徒自ら責任をもって学校図書館の積極的な情報発信を担えるように，先進的な指導を試みることもまた図書委員会指導のあり方の新たな道を切り開くものである。

d.　クラブ活動・部活動に位置づけた取り組み——児童生徒の文学的諸活動

　学校図書館は，読書クラブや文芸部，演劇部といった文学的な諸活動の拠点になる場所でもある。クラブ・部活動は，特別活動の領域に位置づけられる。司書教諭には，その推進役として，あるいは指導・助言者としての役割が求められる。

　○小学校

　　小学校の場合のクラブ活動は，小学校4年から6年までの児童が学年や学級の所属を離れて一緒に活動する。発達段階による差が大きいために，一人ひとりへの配慮がとくに求められる。

　　学習指導要領の特別活動編では，「内容の取扱い」として次のように示されている。

　　学級活動，児童会活動及びクラブ活動の指導については，指導内容の特質に応じて，教師の適切な指導の下に，児童の自発・自治的活動が展開されるようにするとともに，内容相互の関連を図るようにすること。

　○ 中学校

　　興味や関心の対象が幅広くなる。きめ細かなレファレンスや指導・助言が求められる。主体的な活動を促すようにすることが必要である。

　○ 高校

　　生徒の自発的・自治的な活動場面が多くなるので，主体性を尊重し，助言役としての側面を意識するとともに，十分なレファレンスや指導・助言を行えるように，活動の目的や生徒が要求する内容などについて，的確に

把握することが求められる。

①　読書クラブ

　校種にもよるが，一人ひとりの読書意欲や本を読む力には差がある。読書は本来きわめて個人的な営みであるため，興味や関心の対象が異なり，同好の児童生徒が集まってわざわざクラブ活動を行うには難しさがともなう。どこに焦点をあてて活動するか，活動目的・内容を明確にしなければうまく展開できない。小学校の場合，週1時間の配当時間とはいえ，一人ひとりの単なる読書の時間にしただけでは1年間もたせられない。

　したがって，読書クラブとしての年間活動計画を作成すること，読書だけではなく，児童生徒が読書意欲をいっそう高められるように，年間を通じた読書活動や研究活動に取り組むように工夫をはかること，一人ひとりが読書計画を作成し，計画的・継続的な読書生活を行えるように支援することが必要である。テーマを設定しての読書，ある作家に集中する読書なども視野に入れるようにしたい。

②　文芸部

　文芸部は中学校と高校に設置されることがほとんどである。学校図書館が文芸部の活動場所になる場合が多い。司書教諭は顧問ではなくても文芸部員から，本や作家について意見や感想を求められることも多い。文芸部の活動としては，作品の執筆，テーマを決めた読書，ある作家の作品を重点的に読むことなどがある。司書教諭はテーマを決める際にも助言を求められる場合がある。

③　演劇部

　学校図書館が演劇部の活動の中心的な場所になることは稀だが，司書教諭は顧問ではなくても相談を受けることが考えられる。作品や作家のリサーチ，演劇評の調査，台本づくり，演出，照明，音響，舞台装置といった舞台製作など，領域・分野は広く，レファレンスは多岐にわたる。

【稲井　達也】

注

1) 片村恒雄「地域の教育力と地域学習材」(『月刊国語教育研究 No.290』日本国語教育学会,1996 年)
2) 原著は Jim Trelease, *THE READ-ALOUD HANDBOOK*, 1985. ペーパーバック版(6 訂版)が Penguin USA から出版されている。
3) 『「朝の読書」はもうひとつの学校 子どもたちと歩んだ 17 年の軌跡』朝の読書推進協議会編(メディアパル,2005 年)
4) 秋田喜代美・庄司一幸編,読書コミュニティネットワーク著『本を通して世界と出会う:中高生からの読書コミュニティづくり』(北大路書房,2005 年)
5) 東海林典子『シリーズ・活動する学校図書館 6 図書委員会の指導』(社団法人全国学校図書館協議会,1983 年)

第8章　児童生徒と読書資料

第1節　読書資料の種類と特性

a.　児童書

　児童書とは，乳幼児から中学生までの年齢を対象にした図書をいう。児童図書ともいう。広義では絵本・マンガも含まれる。雑誌は含まれない。児童書の分類方法は各種あるが，形態から分けると，図8-1のようになるだろう。学校図書館の蔵書の中心となるのは，小学校では児童書（狭義）と絵本である。中学校では児童書（狭義）と，これ以外にYA（ヤングアダルト向け）図書や成人向けの図書が加わる。高校では，児童書は少なく，YA図書および成人向け図書が中心となる。

　児童書の出版点数は，一時落ち込んだが，2000年から増加傾向にある。出版

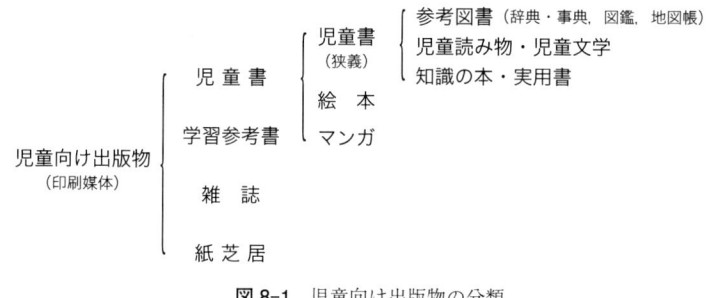

```
                                  ┌ 参考図書（辞典・事典，図鑑，地図帳）
                        ┌ 児童書 ─┤ 児童読み物・児童文学
                        │ (狭義)  └ 知識の本・実用書
              ┌ 児童書 ─┤ 絵　本
児童向け出版物 ┤ 学習参考書└ マンガ
 (印刷媒体)    │ 雑　誌
              └ 紙芝居
```

図 8-1　児童向け出版物の分類

科学研究所の 2004 年の統計では，販売金額で前年比 11.6%増，新刊点数で同比 7.1%増となっている[1]。児童書の出版点数の増加は，「ハリーポッター」人気をきっかけに起こったファンタジーブームや，「朝の読書」の奨励，児童の読書推進運動が背景にあるという同書の分析は，首肯できよう。ただし，そのことが児童生徒の読書量に結びついているかどうかは，はっきりしない。全国学校図書館協議会の調査では（こちらは，2005 年までの調査結果だが），小中学生の読書量は 2001 年から増加傾向にあるが，それほど顕著に増加しているとはいえない[2]。むしろ，近年の活字離れに歯止めがかかった程度とみるべきだろう。

児童書の新刊発行状況をジャンル，分野別にみると，2005 年の場合，図 8-2 になる[3]。絵本の割合が高い点が目立つ。読み物は，文学だけとはかぎらないので，文庫とあわせて約 3 割強ということになるだろう。

こうした最近の出版状況を踏まえて，学校図書館として児童書を受入れ・提供する際の注意点を述べる。

① 映像化されたりベストセラーになったりすると爆発的に読まれる傾向がある。逆にそうでないものは読まれにくい。話題になっていることにアンテナを高くして対応すると同時に，読まれにくい本も積極的に紹介していく必要がある。

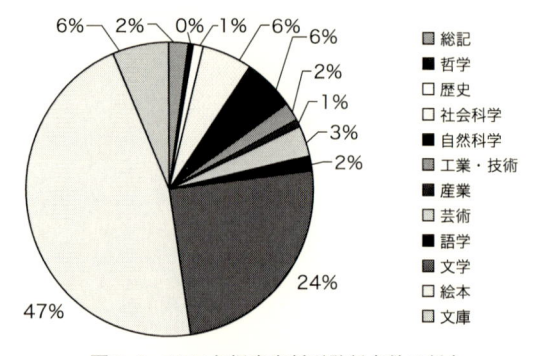

図 8-2 2005 年児童書新刊発行点数の割合

出所：『子どもと読書』編集部『子どもと読書』No.350（親子読書・地域文庫全国連絡会，2006 年）p.27. より作図

② 新刊点数は毎年増加しているが，新刊だけに目を向けるのではなく，息長く読まれている図書にも目配りして，欠けているものを入手するようにしたい。
③ 書店ルートだけが図書を購入する方法ではない。直販でしか入手できない図書や，大手取次では扱わない図書もある。日ごろから各種リストや書評などに目を通して魅力ある図書を入手するようにしたい。
④ 児童書と一般書の境界があいまいなものが増えてきた。また，成人が児童書を読んだり，児童が一般書を読んだりすることが多くなってきている。装丁もどちらを対象にしたものなのか判断がつきにくいものもある。販売の言葉や外見に惑わされず，柔軟に判断して適切なものを受け入れたり紹介したりしていく必要があるだろう。
⑤ 読書力には個人差が大きい。一般書を読む小学校の5，6年生もいれば，児童書を読むのが困難な高校生もいる。自尊心を傷つけないように配慮しながら，それぞれの読書力に応じた資料の提供・紹介が必要である。

b. 児童文学

　児童文学とは何か。児童文学を定義することは，児童文学研究者や児童の図書館にかかわる者には大きな問題となる。しかし，当の児童生徒にとって，児童文学とは何かということはまったく問題にならない。彼らは，自分が読むものが文学であるか文学でないかを気にしたことはなく，その読みものが，ただ，面白いか，あるいは役に立つか，といった基準でその価値を判断している。
　児童文学とは，子どもが読む読みものに大人が「文学」というものさしをあてた価値基準である。子どもに本を手渡す側にとっては，児童文学作品であるかどうか，作品としての価値が高いがどうかは大きな問題となる。一般には，文学こそが読むに値するものであり，読書の感動は文学によってこそ得られると考えられているからである。
　たしかに文学作品は感動を与える。読書家の子どもなら，児童文学とされて

いるもののなかに，あたりはずれの少ない面白い本があるということを発見するかもしれない。とはいえ，大人が考える文学が，常に児童生徒に感動を与えるとはかぎらない。彼らの価値観に合わなかったり，関心事に触れない場合もあるのである。また，作品の完成度が高い作品は，読書力のついていない児童生徒には，ハードルとなることがある。たとえば，ライトノベルのファンタジーなら面白く読めるけれど，本格的なファンタジーは難しくて読めない。一人称小説なら読めるけれど，複雑な構成の作品はわからない，というようにである。

学校図書館としては読書力のない児童生徒に読書力をつける機会を設けていく必要があるが，それとは別に，今だからこそ面白く読めるという旬の読みものも提供していく必要があるだろう。また，旬の読みものは，読書力のあるなしにかかわらず，よく読まれる。

それらは，彼らの文化である。それを支えるのも図書館の役割といえるだろう。このことは，ヤングアダルト文学についてもいえることである。

c. 絵本

絵本は，絵が主になった本である。少ないページ数で一定のまとまりのある内容をもつ。絵と文字の両方があるものが大半だが，文字がまったくないものもある。絵ではなく写真になっているものは，写真絵本という。これも絵本に入る。小学校低学年向けの挿絵の多い本は，厳密には絵本といえないが，絵本に入れる場合もある。絵は単なる説明ではなく，絵そのものが物語るというところに，絵本の魅力があり，力がある。最近児童書の出版点数が増えているが，とくに絵本のしめる割合が高く，全体の半分近くになっている（表8-1参照）。

絵本のジャンルはいろいろある。小学校の図書館には，物語絵本，昔話絵本，科学絵本などの知識の絵本，言葉遊びの絵本，ゲームの絵本などがあるだろう。これらの多くは低学年向けだが，絵本は必ずしも低学年の児童のためだけにあるのではない。たとえば，知識の絵本のなかには，中学年，高学年，あるいは

中高生が調べものをする際，入門として格好のものがある。あるいは，大人にも感動を与える絵本がある。また，中学校や高校の図書館で幼いころ読んだ絵本をみつけて，ほっと息をつく生徒もいるのである。

近年，多数の自治体でブックスタートが始まり，赤ちゃんとその保護者に絵本が手渡されるようになった。子どもが最初に手にする本は絵本である。子どもたちは，読み聞かせを通して，耳から絵本を読み，本に親しんでいく。

表8-1

	絵本の新刊発行点数（点）	児童書の新刊発行点数に占める割合（%）
1999年	997	35.53
2000年	1107	38.52
2001年	1292	42.63
2002年	1347	45.54
2003年	1412	42.84
2004年	1635	43.69
2005年	1747	46.13

出所：『子どもと読書』編集部調査による。『子どもと読書』親子読書・地域文庫全国連絡会編・発行，2000年から2006年の各3・4月号より作表

そもそも絵本は，自分で読むためのものではなく，読んでもらうためのものであるといわれる。たしかに，絵本は子どもが最初に読んでもらう本である。だが，同時に，自分が最初に読むのも絵本である。語彙が少なく，経験の少ない子どもでも，絵の助けを借りながら読み進めることができる。おそらく最初は，読み聞かせをしてもらった本を読んだり，身近な大人に助けてもらいながら読んだりするだろう。しかし，自力で読み終えることができれば，大きな自信になるはずである。

d. 科学読み物

科学読み物とは，児童向けに書かれた図書のうち，主として自然科学を対象にした本をいう。「知識の本」として伝記や歴史の本も含めて扱う場合もあるが[4]，ここでは含めない。図鑑・便覧など通読が目的ではない参考図書類は読み物とはいえないが，ここでは科学読み物に含めて考える。科学読みもののなかで絵本になっているものは，科学絵本という。

科学読みものは，記述が正確でなければならない。また，明確な表現，論理

的な説明も求められる。しかし，単に正確な知識が伝えられればよいというものではない。自身が科学読みもの作家でもある金井塚務は，「科学読物の目的は読者に科学する心を芽生えさせるような刺激を与えることにある」[5]と述べている。また，鈴木智恵子は，教育効果だけを目的とする読み方に注意をうながし，「科学読み物を読んで，身近にありながら見落としていた自然の不思議さ，巧妙さに気づき，身の回りを好奇の目で見直したり試したりするとき，それまで見慣れたものや当然と思っていたことなどが，急に新鮮な驚きに満ちた世界に見えてきます」[6]と述べている。

　科学読みものは，単に物知りになるための本ではない。しかし新しいことを知る喜びはどの子どもにもあるはずである。現代の子どもたちはその好奇心が弱まってきているという危機感をもつ塚本明美は，科学読みものを通して「自然における多様性の重要性」「物質循環の理解」「自然の豊かさ」の3つを知ってほしいと述べている[7]。

　子どものなかには，フィクションが苦手な子どもがいるが，そういう子どもは科学読みものなどノンフィクションに興味をもって読むことがある。読書の入口は，文学だけではない。吉村証子がいうように，「子供が読書好きになるのは，いろいろな入口を通るから，子供の好みにまず合わせる必要がある」[8]。

　とはいえ一般に科学読み物は文学に比べると利用されにくいので，ブックトークや科学遊びを通して紹介するようにするとよい。科学遊びは，専門分野に詳しい先生の協力を仰ぎ，学校図書館の行事などで行う。

e. マンガ

　出版流通の世界では，マンガ図書をコミックス，またはコミック本といい，マンガ雑誌をコミック誌という。『出版指標年報』によると，書籍・雑誌を合わせた出版物のうち，コミックス・コミック誌の発行部数の割合は，2005年のデータでは37.4%である[9]。この数値は近年減少傾向にあるが[10]，書籍全体に占める割合は依然として大きい。これに対して，公共図書館にもいえること

だが，学校図書館の図書館資料に占めるマンガの割合は非常に小さい。

現在まったくマンガを置いていない学校図書館はないかもしれない。「日本の歴史」などの学習マンガ，小学生から大人にまで人気のある『サザエさん』，平和教育の教材としても利用される「はだしのゲン」シリーズ，社会的にも認知されているマンガ家手塚治虫の『火の鳥』『ブラックジャック』など。これらのマンガは大半がハードカバーであり，他の図書と同じ体裁をしている。受け入れる側にも抵抗は少ない。しかし，実際のマンガの世界は広大である。これらのマンガはそのごく一部にすぎない。

なぜマンガは図書館に受け入れられにくいのだろうか。歴史的な背景として，従来から図書館は図書を中心に収拾してきたということがあげられる。マンガ文化に対する活字文化の優位も歴史的な文脈のなかでは納得されるだろう。選書にかかわる問題として，出版点数が多い，作品が玉石混淆で質の差が大きい，何を選んでよいか迷う。出版流通にかかわる問題として，在庫が限られているのでいったん紛失した場合シリーズを揃えられないことがある，リクエストにきちんと応えられない。運用上の問題として，装丁がしっかりしていなくて壊れやすい。利用者のマナーにかかわる問題として，無断持ち出しが多い，授業中に読む。こういった点があげられる。

1995年，子どもの読書離れ，活字離れに対する危機感から文部省が設置した審議会は，その報告書で，読書のきっかけをつくるために漫画やビデオ，映画などの映像メディアを活用することを提案した[11]。当時，文部省もマンガを容認したということで新聞などで話題になったが，ここではマンガは目的ではなく，手段になっている。

しかし，児童文学に造詣の深い赤木かん子は，マンガと児童文学の両方の価値を認めたうえで，現在の子どもたちがかかえている問題を扱っているのは児童文学でなくマンガが描いていることを指摘している[12]。

マンガの読者は，必ずしもマンガしか読まない人たちではない。読書家の多くも他の図書と同様にマンガもよく読む。また，高校図書館でマンガを受け入

れている笠川昭治は，マンガを図書館に入れることによって，公共図書館も含めて図書館をまったく使ったことがない生徒も来てくれるようになると報告している[13]。

　マンガは，読書家かそうでないかにかかわらず，子どもたちの文化の一部である。マンガを置くことによって，学校図書館がより広く子どもたちの文化を支える場として意味をもつようになると期待される。

f. 紙芝居

　紙芝居は，絵の描かれた紙を入れ替えて話をすすめていく。内容は，昔話や創作，名作などの物語のほか，保育やしつけや保健衛生に関するものもある。歴史や理科や美術などの補助教材としても利用されることがある。非常に素朴な形の表現だが，ストレートにメッセージや内容を伝えることのできるメディアで，子どもに人気がある。

　紙芝居は，絵と文から構成されているという点で絵本に似ている。しかし，紙芝居は演じることが基本にあり，読むものというよりは演劇に近い。したがって読み手はその点を心得て，聞き手の反応に応じながら演じる。そこに読み手と聞き手の間に双方向のコミュニケーションが生まれる。聞き手である子どもたちは，演じられる世界に集中する。はらはらどきどきする体験は子どもが育っていくうえで大事な心のひだとなる。また聞いている者同士の共時的な感覚，共感も育つ。そこに子どもたちが紙芝居を見る意義があるといえる。

　しかし，紙芝居は見るだけではない。子どもたち自身が演じることもある。公共図書館で紙芝居の貸出しが始まったのは，小学生は紙芝居を見るだけでなく，実際に自分が演じるのも好きだということからだという。学校図書館では，公共図書館のように多数の紙芝居をそろえることはできないかもしれないが，少数でも質の高い紙芝居や子どもに関心のあるテーマの紙芝居を揃えて，子どもに演じる機会を与えたい。公共図書館から借りてくるのもよい。子どもたちが紙芝居を演じるため，台本の起承転結の意味を理解し，部分部分の表現を考

え，物語のテーマを考え中身をよく理解する，という文庫活動からの報告もある[14]。

　近年紙芝居はつくることもさかんになってきた。箕面手づくり紙芝居コンクール（大阪府箕面市），神奈川県手づくり紙芝居コンクールなど，手作り紙芝居コンクールも行われている。授業などで作成することもあるだろう。その場合，作成された紙芝居はできるだけ図書館で保存したい。また，紙芝居は一種の演劇だということは，その舞台設定も大事になる。したがって紙芝居の舞台も用意しておきたい。

第2節　人と本をむすびつける技術

　人と本を結びつける方法は，各種ある。フロアワークにおける本の紹介，ブックリストや広報紙の配布，掲示板を使った案内やポスター，クラスやグループに対する読み聞かせ，ブックトークなどである。そのなかから，この節では人が直接はたらきかけるストーリーテリング，読み聞かせ，ブックトーク，アニマシオンを取り上げた。

　ここで取り上げたものは，技術である。しかし，いずれの技術も，単純な方法ではスキルアップは望めない。日ごろから資料をよく知ること，児童生徒の興味・関心事を知ること，彼らの図書館での本との付き合い方をよく観察することが必要である。その基盤のうえに人と本を結びつける技術の向上が可能になる。

　これらの技術は，一対一で行う場合もあるが，どちらかというと一対複数で行うことが多い。学校では同年代の子どもたちが集まっているのでグループをつくりやすい。また複数を対象とすることによってより効果があがることもある。ただし，グループは，読む力も興味のあることもみなそれぞれ異なる一人ひとりによって構成されている。その点を見失わないようにしなければならない。

a. ストーリーテリング

　ストーリーテリングは，昔話や物語を覚えて聞き手に向かって語ることをいう。語り，素話，お話ということもある。児童図書館サービスのひとつとして，19世紀末ころからアメリカで行われてきた。明治時代末から昭和初期にかけて日本で教師や児童読み物の作家たちによって行われた口演童話は，ストーリーテリングと同義である。ただし口演童話は，講堂などの広い場所で大勢の聞き手に向かって話す場合が多かった。図書館のサービスと結びつけられたお話は，戦後アメリカで図書館学を学んだ間崎ルリ子や松岡享子らの紹介でひろまった。

　ストーリーテリングは，本を介在しないで話をすることだが，それは単に記憶した本の中身を伝えるということではない。話すという行為のなかに，人と人のコミュニケーションの基本があり，内容とは別のものも伝わるのである。そのことを間崎は次のように述べている。

　　「自分が好きで，今，この子にこの話を語りたいと願って語られる話は，その話をつくった人の心はもちろんのこと，語る人の心をも子どもに伝えます。子どもは生命のこもったことばを通して，お話の中の出来事を体験し，その体験を楽しむことによって人間の心をうけとり，自分自身の心をそこからつくりあげていきます。人から心をもらわなかったら，子どもは，自分自身の心をどうしてつくりあげていくことができるでしょうか。」[15]

　また，児童図書館員のパイオニアとして知られるイギリスのE. コルウェル (Colwell, Eileen 1904-2002) は，次のように述べている。

　　「お話は，図書館の仕事の中でも，たいへんだいじなものと思っていました。子どもに喜びを与え，本に興味をもたせ，自分から本に手をのばすようにさせる手段として，お話は非常に効果的です。そしてまた，そうした手段的ないみだけでなく，お話というものは，子どもが大昔から，当然受けるべくして受けてきた文化的遺産であり，おとなはいつの時代にも，子どもにお話を聞かせるべきだというのが，私の考えです。」[16]「話すこ

とばは，直接，相手の心にはいりこみます。そして，声で話す話が，文字で読むものより，素朴に相手の心をとらえるのは，話し手の声と個性が，その話に，よりいっそうの生命と力を与えるからです。」[17]

　現代は，テレビやカセットテープ，CD，DVDなど機械を通して聞くものはたくさんある。しかし，人との付き合いが稀薄な社会を反映して，肉声を通して聞く話が減っている。それだけによけい子どもたちにお話を聞く機会を設ける意義はあるといえる。

　とはいえ，司書教諭・司書のだれもがストーリーテラーになるということは難しい。校外の得意な人にボランティアを依頼するのも一方法だろう。ただ，自分で1つでも2つでも語れるお話をもつのはよいことである。お話を通して子どもと親しくなる機会を得ることができる。そしてそれが，図書館への親近感や本への関心につながることもある。話す相手は，必ずしも小学生でなくともよい。中学生でも高校生でも，楽しんでストリーテリングを聞いてくれるはずである。

b.　読み聞かせ

　読み聞かせは，子どもに絵本や本を声に出して読んで聞かせることをいう。「聞かせる」という語が押しつけがましいということから，読み語り，本読みなどの言葉を使用する人もいる。小学校学習指導要領では，読み聞かせという言葉を使用している[18]。

　文字を読めることと本を読めることは同じではない。本を読むには，文字を言葉としてとらえ，文の意味を理解する必要がある。さらに，文を読み進めながら，ストーリーをたどっていく力も必要である。これらの能力が開発されていないと自ら読書することにはつながらない。読書能力を獲得するまでにはいくつかのステップがあるのである。

　しかし，自分で読書できない子どもでも，読んでもらうことによって本を味わうことができる。また，絵本の読み聞かせでは，絵をたよりにしてイメージ

を広げることができる。すでに大正時代に明らかにされているように[19]，子どもの聞く力は読む力よりも先に身についている。読み聞かせによる耳からの読書によって語彙を増やし，読む力の獲得につなげていくことができる。また読んでもらうことによって本が魅力あるものとして受けとめられ，自分も読んでみたいと思うことにもつながってくる。

　もっとも，読み聞かせの意義は，読書力の養成のためにだけにあるのではない。一番の意義は，子どもが本の楽しさをまるごと味わうことができるということだ。また，読んでもらって楽しい思いをするということそのものにも意義がある。その体験は，心地よい時間を過ごしたことによる温かい思いを子どもに残すことだろう。

　読み聞かせは，誰でも手軽にできる。ただし，学校などで複数の人たちを対象に行う読み聞かせは，親や親しい大人が読んで聞かせるのと違って，いくつか配慮することがある。第一に配慮することは，何を読むかということだろう。複数の人たちに向けて読む場合には，向いているものと向いていないものがある。絵本の場合には，少し離れた場所からでもよく見える絵の絵本を選ぶ必要がある。聞く力も子どもによって差があるので相手にふさわしい本を選ぶ必要がある。また，座り方にも緊張がほぐれてゆったりした気持ちで聞けるような態勢でだれもが読み手がよくみえるように座ってもらうということも必要だろう。

　そのようにして行った読み聞かせは，読み手と聞き手の間のコミュニケーションが成立するし，いっしょに聞いている者同士の連帯感も生まれる。とくに小学校の図書の時間などで同じクラスに継続して読み聞かせができる場合には，それが読み聞かせをする人や図書館への信頼・親近感につながっていく。小学校の高学年になれば，絵本ではなく，少し長い物語を読みすすめることもできるようになる[20]。

c. ブックトーク

　ブックトークは，本を紹介する方法の一つで，口頭で本について語ることである。日本でブックトークの認知に大きく貢献した岡山市の学校図書館問題研究会のメンバーは，ブックトークの定義を〈あるテーマに関連づけて複数の本を選び，それらの本をつないで紹介すること。ブックトークは聞き手に本の魅力や特徴を伝え，読みたい気持ちを刺激することを目的とする〉[21]としている。ブックトークの発祥の地とされるアメリカでは，1冊の本の紹介はbooktalk，2冊以上はbooktalksとしているが，日本では2冊以上の場合もブックトークという。日本で一般に考えられているブックトークは，アメリカのbooktalksにあたり，テーマを設けて複数の本を紹介する一種のプレゼンテーションである。

　単なる本の紹介でも，本に関する情報を増やしたり，本を読む気にさせたりする効果があるが，ブックトークは，複数の本をテーマに関連付けて話すことによってより強く印象づけることができる。また，多様な分野の本を難易度とりまぜて紹介するので，聞き手が自分の読書力や興味・関心に応じて本を選ぶことができる。小学校の図書の時間や図書館のお楽しみプログラムなどでクラスや小グループを対象に行うと効果的である。中学高校ではブックトークをする機会は少ないが，教科で調べものをする際や自習時間などを活用して実施するとよい。

　ブックトークをするには，まず聞き手の関心に応じたふさわしいテーマを設定する。次にテーマにそった本を複数選び，それらの本を自然なかたちでつないでいく筋道をつける。あらかじめシナリオをつくることもある。小さな人形などの小道具を使ったり，手軽な科学の実験をしたりするような工夫もよい。また，本を一部分読むこともある。小学校の低学年の場合には，1冊の本まるごと読んだほうがよいこともある。

　このように書くと，ブックトークのスキルアップは，演じ方にあるように感じられるかもしれないが，それ以上に大事なことは，紹介できる手持ちの本を

増やすことである。紹介する本は，自分が魅力を感じる本でなくては効果がない。日ごろからできるだけ幅広いジャンルの本をたくさん読む努力が必要である。

d. アニマシオン

アニマシオンは英語のアニメーションと同義で，生気を与える，活性化するの意味がある。読書におけるアニマシオンは，スペインのモンセラ・サルト (Sarto, Montserrat, 1919–) が実施・提案している「読書へのアニマシオン」がもとになっている[22]。

サルトは，多くの子どもには読書力をつけるうえで種々の障害があるという認識から，子ども自身にその障害を克服させるための方法として，遊びのかたちをとった「作戦」を考案した。たとえば，「これ，だれのもの？」という作戦では，洋服や品物の絵を見せ，どの登場人物かあててもらう。また，「いる？いない？」という作戦では，本にでている人物かどうか当てさせ，各人物が作品のどのあたりででてきたか説明してもらう。こうした活動を通して，漠然と読むのではなく，細部に注目して読むこと，多面的側面から読むことを促すことになる。

アニマシオンは，読書に導く一教育方法ではあるが，直接的な教え込む指導ではなく，子どもを生き生きとさせる遊びを通して子どもからその力を引き出すことをねらいとしている。アニマシオンは，集団に対する活動で，全員が本をまるごと読んでくることが前提になっている。また，参加を強制しないこと，継続して行うことも大事に考えられており，サルトらは学校の授業以外の場や公共図書館で行われることを想定していた。

しかし，日本では，学校の教師が，クラスの児童生徒を対象にして国語や読書の授業でアニマシオンを実施する例が多く報告されている。たしかに授業の活性化に役立つ方法だが，サルトらの意図を学び，強制的な読書にならないよう配慮する必要がある。

「作戦」を実施する役割の人は，アニマドールと呼ばれる。アニマドールは，子どもの読書力にふさわしい「作戦」を選ぶこと，また「作戦」にふさわしい本を選ぶことが求められる。また，「作戦」のなかでは，子どもに内面化を促すために沈黙の時間を設けることが必要とされる。アニマドールは，日ごろから研鑽と経験が必要であるとされている。アニマドールになるための研修がスペインのエステル文化協会で行われている。

　アニマシオンの実施の際には，著作権に気をつけなければならない。全員が同じ本を読むことが前提になっているので，複本を多数必要とするが，そのために安易にコピーすることは許されない。また，著作者人格権を尊重するうえから，作品を改変したり，作品の意図をそこなったりしないような配慮が必要である。
【篠原　由美子】

注
1)　全国出版協会出版科学研究所『2005出版指標年報』（全国出版協会出版科学研究所，2005年）p.130.
2)　「第51回読書調査報告」『学校図書館』No.661　（全国学校図書館協議会，2005年）pp.13-14.
3)　回答率70.4％。コミックは比率に含まれていない。
4)　リリアン・スミス著，石井桃子ほか訳『児童文学論』（岩波書店，1964年）pp.326-345.
5)　金井塚務「科学読物を考える」『科学の本っておもしろい：子どもの世界を広げる本』第3集（連合出版，1990年）p.27.
6)　鈴木智恵子「科学読み物で人生を豊かに」『子どもと楽しむ自然と本：科学読み物紹介238冊』（連合出版，1989年）p.10.
7)　塚本明美「現代の子どもたちと科学読み物」『日本児童文学』第48巻6号，2002年，p.21.
8)　吉村証子「読書好きにするために」『週刊朝日』（1978年）（『児童奉仕論』白石書店，1979年，pp.84-85所収）。吉村証子（1925-1979）の科学読み物の向上・普及の業績を記念して1981年日本科学読物賞が設けられた。1995年までで廃止。
9)　『2006出版指標年報』（全国出版協会，2006年）p.223.
10)　宮本大人「コミックス」『白書出版産業：データとチャートで読む日本の出版』（文

化通信社, 2004 年), ただし 2005 年の場合は, 0.2 ポイント増 (『2006 出版指標年報』による.

11) 「児童生徒の読書に関する調査研究協力者会議報告」(1995 年 8 月 31 日)
12) 赤木かん子「愛情不足の子どもたち　少女マンガにみる現代の病理とその実態」『コミックメディア』(NTT 出版, 1992 年) pp.90-117.
13) 笠川昭治「マンガは学校図書館の必需品!?」『みんなの図書館』No.269 (1999 年) p.58.
14) 松谷みよ子「平岡崇子さんに聞く」『紙芝居 100 の世界：ひろがる楽しさふれあう心』(椋の木社, 1985 年) p.28.
15) 間崎ルリ子『ストーリーテリング：現代におけるおはなし』(児童図書館研究会, 1987 年) pp.7-8.
16) E. コルウェル, 石井桃子訳『子どもと本の世界に生きて：児童図書館員のあゆんだ道』(こぐま社, 1994 年) pp.157-158.
17) 同書, p.176.
18) 小学校指導要領, 第 2 章各教科第 1 節国語, 第 2 各学年の目標および内容の〔第 1 学年及び第 2 学年〕に「昔話や童話などの読み聞かせを聞くこと」が取り上げられている。(平成 10 年 12 月告示)
19) 塩見昇『日本学校図書館史』(全国 SLA, 1986 年) pp.69-71.
20) 矢口芙美子「「読み聞かせ」を中心とした私の図書館サービス」『がくと』第 16 巻, 2000 年) pp.17-29.
21) 学校図書館問題研究会「ブックトークの本」編集委員会編『ブックトーク再考：ひろがれ！子どもたちの「読みたい」「知りたい」』(教育史料出版会, 2003 年), p.119.
22) モンセラット・サルト, 佐藤美智代・青柳啓子訳『読書で遊ぼうアニマシオン：本が大好きになる 25 のゲーム』(柏書房, 1997). M・M・サルト, 宇和和美訳『読書へのアニマシオン：75 の作戦』(柏書房, 2001). 現在, サルトやその賛同者はエステル文化協会 (ESTEL) を設立して普及活動を行っている。

参考文献
・松岡享子『サンタクロークの部屋：子どもと本をめぐって』(こぐま社, 1978 年)
・松岡享子『えほんのせかいこどものせかい』(日本エディタースクール出版部, 1987 年)
・日本子どもの本研究会編『子どもと絵本の学校』(ほるぷ出版, 1988 年)
・ヴィクター・ワトソン＆モラグ・スタイルズ編, 谷本誠剛監訳『子どもはどのように絵本を読むのか』(柏書房, 2002 年)

- 夏目房之介『マンガ学への挑戦：進化する批評地図』（NTT 出版，2006 年）
- 子どもの文化研究所・紙芝居研究会編『紙芝居 20 年の歩み：紙しばい広場・総集編』（子どもの文化研究所・紙芝居研究会，2001 年）
- 児童図書館研究会編『年報こどもの図書館 1997-2001　2002 年版』（日本図書館協会，2003）
- ジミー・ニール・スミス編著，阿彦周宜訳『ストーリーテラーたち：現代アメリカのフォークロア』（大修館書店，1992 年）
- 松岡享子『お話を語る』（日本エディタースクール出版部，1994 年）
- 竹内悊編訳『ストーリーテリングと図書館：スペンサー・G・ショウの実践から』（日本図書館協会，1995 年）
- ジム・トレリース，亀井よし子訳『読み聞かせ：この素晴らしい世界』（高文研，1987 年）
- 波木井やよい編『《読みきかせ》ボランティア入門』（国土社，2006 年）
- 佐藤凉子ほか『アニマシオンを求めて：ビブリオテカ一行スペインへゆく』（佐藤凉子，2000）
- 岩辺泰吏ほか『はじめてのアニマシオン：1 冊の本が宝島』（柏書房，2003 年）
- 黒木秀子『子どもと楽しく遊ぼう読書へのアニマシオン』（学事出版，2004 年）
- 渡部康夫『読む力を育てる読書へのアニマシオン』（全国学校図書館協議会，2005 年）

第9章　児童生徒の読書環境

第1節　読書環境の種類

　児童生徒の読書環境（以下，単に「読書環境」と呼ぶ）とは，簡単にいってしまえば，「子どもたちが，いつどのような場所で本を読むか（読んでいるか）」という意味になるが，見方を変えてみれば，これは大人の側の「どのようにして子どもたちに読書をする時間や場所を提供するか（しているか）」という問題意識と表裏一体になっている。たとえば1989年に山崎翠が，「子どもが本の中に，心わくわく，どきどきする魅力的な世界があり，本を読むことで，心が充実し，生きることに希望が湧いてくるんだという体験をできるように励ます親や大人が，子どものまわりにいるかどうかで違ってきます[1)]」と述べているように，私たちはまず読書環境というものが，子どもたちの問題である一方，大人の側の問題でもあることに意識的になる必要がある。

　山崎翠はさらに，こういった読書環境の問題を考えていくうえで重要視すべきポイントを，①本を手渡す「大人」がいること，②身近にふさわしい「本」があること，③本を読む「時間」があること，④本を読む「場所」があること，という4項目にまとめている[2)]。また，単に「児童生徒」や「子ども」と呼んではいても，対象となる年齢には大きく幅がある（0歳児，幼児，小学生，中学生，高校生を，ひとまとまりに一様な子どもととらえることは適切ではない）わけだから，これらに加えて，⑤対象となる子どもたちの「年齢層」についても考慮に入れる必要があるだろう。つまり読書環境の問題とは，「いつ」「どこで」「誰が」「誰

に対し」「どのような本を」提供するかの5項目を，複合的にとらえていくことが求められる。

　このうち，③や④のような「時間」と「場所」の問題については，大まかに把握してみれば，学校，家庭，地域の3つの場面が考えられる。それぞれをさらに細かく見ていけば，学校においては，学校図書館が最も重要な施設となり，あるいは「朝の読書」などにおいては，教室という場がかかわることもあるだろう。また，家庭においては，家庭読書やブックスタートなどが，さらに地域については，公共図書館や児童館などの公的機関，あるいは家庭文庫などの私的な施設が，その役割を担っているものと考えられる。

　読書環境の問題は，以上のようにさまざまな観点から考えねばならないが，⑤で指摘したように，それぞれ対象とする子どもたちの年齢層や，①に該当するような，それにかかわる大人の立場（学校における司書教諭とそれ以外の教師との違い，あるいは地域における公共図書館の職員やボランティアの立場の違いなど）が異なるため，それぞれに固有の目的や機能が存在しているものと考えられる。また，それらが組み合わさること（たとえば，学校図書館と公共図書館とが相互に協力し合うことなど）で創出される読書環境もあるだろう。

　ではそれらさまざまな読書環境の目的や機能の違いを見ていくことで，それぞれの性質を考えてみたい。（学校における読書環境については第6章で詳しく触れている。ここでは主に家庭と地域の側面から考えていくことにする。）

第2節　家庭読書

　子どもたちがその生活時間の多くを過ごす場所は，一般に学校（小学校・中学校・高校）と考えられるが，おそらくそれに次いで過ごす時間が長いのは家庭であろう。ではこれまで家庭は，どのように読書環境としての役割を期待され，あるいはその機能を果たしてきたのかについて考えてみたい。

　戦前に遡れば，家庭は親にとって「子どもは労働力の一部である」という認

識が強く残る場所であったため，とくに読書環境に適した空間であるとは考えられてこなかった。たとえば1930年生まれの小林桂三郎は，1979年に次のような回想をしている[3]。

　「僕は中学時代は自分の家といってもね，おやじとか兄貴とかそういうのがいる所では，本が読めなかった。これは，時代もあるんだろうけれど，蔵の中で読んだ。というのはおやじなんかの見ている所で本を読むと，遊んでいると思われたんだ。本を読むならとにかく仕事をせい，つまり農作業をしろとこう言われた。どうしても目に付かない所でというと薄暗い蔵の中しかなかったんだよ。」

　もちろん，このことが当時のすべての子どもたちに当てはまるわけではないだろうが，同じく1979年に佐藤親弘も，自らの体験を踏まえながら，「最近の父兄たちは，読書についてはだれも文句を言わないというような方向にかわりつつある[4]」と述べ，家庭が読書環境の一つとして認識され始めたことに対する印象を語っている。滑川道夫も，たとえば大正期における読書観として，『少年倶楽部』や『少女の友』などの児童雑誌について，「それらの読み物は，娯楽性の強いもので，人間を勤勉・勤労から離脱させる要素をもっているという旧観念が根底にあり，学校教育効果をむしろマイナスにするものだというかたくなさが支配的であった[5]」と述べている。

　戦後になると親たちの認識も改まり，徐々に読書自体に教育的価値が見いだされるようになってくる。たとえば森久保仙太郎は1958年に，母親らに対して子どもたちの読書の「場所」と「時間」を確保してほしいという旨の提言を行っている[6]。森久保の提言には，家庭を読書環境にふさわしい場所に変貌させようとする意欲に満ち溢れているが，このことは裏を返せば，当時はそれだけ家庭が読書環境としてとらえられていなかった（子どもたちの読書に対する親らの関心が薄かった）ことをも示している。あるいは1965年に松尾弥太郎が，

「最近おかあさん方の間に，子どもの読書生活に感心を持つ人が徐々にふえつつある傾向がみられるようになりました[7]」という意見を出しており，この頃（昭和40年代）の家庭という場所が，徐々に読書環境として変貌していく過程にあることを窺い知ることができる。後述する「母と子の20分間読書」などは，その変革の嚆矢となる運動であろう。

さて，家庭が読書環境として一般に認識され始めると，今度は逆に「いかに子どもたちを読書に集中させるか」ということが課題となってくる。これは家庭には読書を妨げるもの（古くはマンガやラジオ，テレビなどが問題視され，現在ではテレビゲームやインターネットもそれに含まれるだろう）が多く見られるためであり，親たちはそういったものから子どもたちを遠ざけ，活字に触れるようはたらきかけるようになる。このような親たちの問題意識に共通しているのは，子どもたちに対する活字離れへの危惧や悪影響の心配であろう。

たとえば西岡賛平は1956年に，貸本屋が悪書追放の標的になっていたことに言及し[8]，また，1958年に丸山明子は，貸本屋がマンガばかりで困るという意見を述べている[9]。このことからは，当時（昭和30年代）の親たちの視線の先に，子どもたちがマンガに没頭する姿が目立っていたことを感じ取ることができる。あるいは1966年に木原健太郎が，「テレビは子どもにとってどちらかといえば好ましくないものである[10]」といった意見に触れているが，この頃（昭和40年代）にはマンガに加え，テレビが家庭へと入り込んできたことがみえてくる。これらを総括するように，1985年に今村秀夫は，昭和30年代のマンガをはじめとして，昭和40年代にはテレビやラジオが，さらに昭和50年代には趣味実用の本の台頭が活字離れの根底にあったと述べている[11]。近年においても，たとえば浜田重幸が1995年の毎日新聞による「若者はなぜ本を読まないのか？」という調査結果をもとに，30代から50代の親の世代に「本よりテレビやビデオ，ゲームの方が面白いから[12]」という認識が強くみられることを指摘しているように，家庭が読書環境としての役割を果たすのが難しい状況にあるというとらえ方に，それほど大きな変化はみられない。

つまり家庭という場所は，読書環境であることを求められるようになって以降も，子どもたちにとって読書に適した場所とはなりにくかったのである。あるいはそもそも，本を読むという行為が家庭内で習慣化されていない事例もあったことだろう（これはたとえば，後述する椋鳩十の報告にみることができる）。そういった状況下において，家庭を読書環境として活用していくためには，個々の家庭の教育方針や生活習慣に囚われない，そのあり方を根本的に変革する外的な要因が必要であった。

a. 母と子の20分間読書

家庭における読書環境を，家庭の外から積極的に変えようとする最初の試みは，「母と子の20分間読書」であろう。その内容は，「子どもが，教科書以外の本を，二十分程度小さな声で読むのを／母が，かたわらにいて，静かにきく。／これを，できるだけ，毎日，つづけて行く[13]」というものであり，これは1959年に，当時鹿児島県立図書館長であった椋鳩十（むくはとじゅう）が実験的に試み，その実績をもとに，翌1960年から鹿児島県下の小学校を中心に展開されたものである。椋鳩十は，この運動を思いついた動機を次のように述べている[14]。

> 「公共図書館の仕事を始めて，地方の婦人や，青年たちと，接触する機会が多くなるにつれて，これだけ，多くの図書が，毎月毎月，出版されて，しかも，相当数のものが売りさばかれていくが，一体，この図書は，誰の手に渡り誰に読まれるのだろうという疑問でした。／と，いうのは，地方に住む人々の，驚くべき，ほんとに，驚くべき多くの人々が，その生活の中に，読書習慣ということを持ち込んでいないという事実でした。／図書と親しむ層は，どこか，片寄ったところで廻っているのでした。／そして，私どもは，図書を，大衆の手に取りもどす方法はないものかと考えるのでした。」

つまり椋鳩十は，読書習慣のない人々に対して教科書以外の本を毎日読ませるきっかけをつくり，本に触れる人々をどうにかして増やしていこうとする目的でこの運動を始めたことがうかがえる。高い志をもった運動であるが，当時の時代状況のなかで，人々の習慣を大きく変革しようとする試みであるから，当然ながらこの運動は簡単に広まっていったわけではない。たとえば椋鳩十は，運動を広めていくなかで出会った「教育熱心」と評判の校長先生の意見として，次のようなコメントを紹介している[15]。

「うちの生徒の中には，教科書も十分理解出来ない子や，国語の本もよく読めない子が，かなりいるんだ。教科書を教えるだけで精一杯だ。教科書以外の本を，毎日読むなんてことには協力出来ない。いや，教科書以外の本を読む運動は，迷惑至極だ。」

つまり本来であればこの運動に協力し，積極的に推し進める立場にいなければならないはずの教育関係者の理解を得ることが，予想以上に難しかったのである。教科書の範囲を超えようとする立場と，教科書の内容にとどめようとする立場とが，お互いにぶつかり合うわけであるから，運動の展開が困難を極めたのは当然であろう。このように当初は苦労も多かったようであるが，それでもこの運動は徐々に軌道にのり始め，開始から6年後には，「九州一円，大阪，静岡のように全県的に実施されているところをふくめて，全国三十五都道府県で行われ[16]」るまでに成長したのである。

この運動の効果について椋鳩十は，①マンガを読む量が減った，②テレビを見る時間が減った，③母と子の共通の話題ができた，④子どもが素直になった，⑤クラス全体の発表力，読書力が優れてきた，などの特徴がみられたとの報告を行っている[17]。もちろんこのような成果が，すべての子どもたちに当てはまるとは考えにくいため，多少は控え目にこの報告を受け取らなくてはならないが，それでもこういった傾向を示す子どもたちの数は，運動の広がりにとも

ない，かなりの人数に上ったであろう。また，追従する自治体の数の多さを考えてみても，家庭が読書環境としての役割を充分に果たす場であることを，広く一般に認識させる大きな力となった運動であることは間違いない。たとえば1987年に清水達郎は，この運動が数ある児童文学運動の主流に位置づけられ，児童文化が戦後の社会において大きく花ひらくための先駆的な役割であったというように，大きな評価を与えている[18]。

しかし，家庭における読書環境の改善のために効果的と思われるこの運動にも，いくつかの問題点が指摘されるようになる。たとえば1965年に松尾弥太郎が，①簡単な繰り返しのために倦怠が生じる，②出ている本が声を出して読む文章で書かれていない（本の内容が黙読向き），③学校図書館の貸出冊数が増え，本不足に陥る（運動の進展に現実の対応が追いつかない），④せいぜい小学生が対象であり，中学生や高校生では難しい，などの意見を提出している[19]。①や④のように，子どもたちの内面や成長にかかわる問題から，②や③のように，当時の出版状況や図書館事情を見据えた問題まで，その遂行にはさまざまな困難がともなうこととなった。②については，清水達郎が当時の児童書の出版状況を振り返りながら，「量質ともに，文字通り寥々たるものでした」[20]と述べ，内容の面でも出版点数としても，児童書の不足が慢性的なものであったことを指摘している。つまり，運動の理念に現実の対応が追いついていなかったのである。

また，1980年に山口重直はこの運動について，「もう字が読める，文が読める学令以上の子どもを対象とした運動であった[21]」と評している。つまり「母と子の20分間読書」とは，対象年齢が「小学生から中学一年生[22]」というように，学齢期まで育った子どもたちを対象としていたものであったが，山口の指摘はそれに物足りなさを唱えるものであった。これは先の松尾弥太郎の問題意識（小学校を終えた子どもたちはどうするのか）と反対に，学齢期に満たない子どもたち（乳幼児）はどうするのかという観点を指摘したものである。

しかし「母と子の20分間読書」は，家庭という場所がほとんど読書環境と

してとらえられていなかった時代に展開されたものであり，それまでの常識を変革させることが運動の目的であったわけだから，とりあえず「小学生から中学一年生」に的を絞り（当時はそれだけでも児童書の数は全然足りなかった[23]），家庭における読書環境の改善に努めた功績は大きく評価されてしかるべきであろう。山口のように，後年になってからそこに物足りなさを感じ取ってしまうのもある程度は仕方がないが，運動から20年も経過した1980年の時代状況と単純に比較するわけにはいかないだろう。ここで問題化された乳幼児については，また別のきっかけが必要である。

b. ブックスタート

そして近年になって，そういった母と子の読書という枠組みの再編を，別の観点から推し進めた事業が誕生することになる。それが日本で2000年に試験的に実施され，翌2001年から本格的に始まった「ブックスタート」と呼ばれる事業である。もともとは1992年にイギリスで始まったものであり，日本は世界でも2番目に事業を開始した国となっている。

この事業の内容を要約すれば，「ある自治体内の全ての0歳児の赤ちゃんに対し，絵本を無料で配布する」というものである。言葉にしてしまえば簡単に思えるが，その条件に「全ての」，そして「0歳児」が付されているように，これはそれまでの常識を覆している事業である。赤ちゃんは誰しも，保護者の考え方や育児方針に強く影響されてしまうため，それぞれに絵本を読み始める時期が異なることはもちろん，場合によっては絵本などをまったく与えられずに育てられてしまうケースも想定される。つまりこれまでは，赤ちゃんの読書環境は家庭ごとに大きな格差が生じていたと考えられるが，ブックスタートとはそういった格差を公的に打開しようとする事業であり，その根底にある重要な活動方針が，「全ての」「0歳児」という2つの条件である。

早川元三は1961年に，「家庭における読書習慣の入口は幼児期であり，そのための役割を果たすものは絵本である」[24]と述べているが，これまでの一般的

な認識では，絵本が読み与えられる年齢の下限は，早川の指摘に見られるように，せいぜい「幼児期」というのが通例であった。その理由としては，「赤ちゃんに絵本はまだ早い」という大人たちの思い込みがあるためであろう。そのため，0歳児に絵本を読ませるという発想は，ブックスタート以前には一般的ではなかった。

あるいはまた，公共図書館などで催される読書イベントでは，それに参加してくる子どもたちには絵本の読み聞かせをすることができても，それに参加しようとしない，あるいはそういった読書イベントの存在すら知らない保護者の子どもたちに対しては，そもそも読み聞かせをする機会をもつことが不可能であった。こういった読書イベントが，通常，自主参加という形態（参加者を待つもの）である以上，活動の輪の中に入ってこない（入ってくるきっかけをもたない）子どもたちが出てきてしまうのは仕方のないことであり，すべての赤ちゃんを対象とすることを実現するためには，この点をクリアする必要があった。

そこでこの事業の実施にあたって目がつけられたのは，以前からすべての赤ちゃんを対象とした活動を行っていた，各自治体の保健センターが主体となって実施されている「0歳児検診」であった。ブックスタートはこの機会に便乗し，その空き時間を有効に活用することにより，「全ての」「0歳児」という2つの条件を満たすことが可能となったのである。

この事業は，図書館と保健センターとが協力することを前提に，それらのまとめ役となる役所の担当機関，そして最前線で赤ちゃんと触れ合うことになるボランティアの人たちが一体となって進めることが求められ，以上の機関が足並みを揃えないことには実現が難しい。これは医療や健康については保健センターが，本については図書館が，というような縦割りの固定的な役割分担ではなく，図書館も保健センターも役所もボランティアも，地域の機関や人々が総出で赤ちゃんの成長を見守り，保護者らの子育てを支援するという体制を構築するということでもある。絵本を配布する際にその場で赤ちゃん用の図書館利用証を発行し，親子での来館を促すなど，図書館の利用者を増やすための試み

も欠かさず行われている。また，それぞれの地域における子育てを支援する施設を一覧にしたパンフレット（図書館や保健センターだけではなく，公園マップなど，自治体内で赤ちゃん連れでも出かけられる施設をひとまとめにしたもの）も保護者に手渡されるが，ブックスタートはこのような行政機関の横のつながりを促すきっかけにもなっている。

そしてこの事業は単に絵本を配るだけではなく，必ず一組の親子と1人のボランティアが組になり（つまり赤ちゃんを含めた3人が一組，夫婦で参加している場合には4人一組となる），保護者の目の前で赤ちゃんへの読み聞かせが実施される。ボランティアの人数が不足するときには，複数の親子を1人のボランティアが同時に対応することもあるが，基本的にはボランティアと保護者とが1対1で会話ができる3人一組を理想としている。これはたとえ0歳児であっても，赤ちゃんは絵本にしっかりと反応し，興味を示すことを保護者に理解させるためである。

つまりブックスタートは，名目上は赤ちゃんに対する事業であるわけだが，実態としては，それ以上に保護者らの意識を変えることに大きな意味がある。これは，赤ちゃんが基本的に保護者らの影響下にあるため，彼女（彼）らの意識を変えないことには，赤ちゃんの読書環境の改善にはつながらないとの考えによるものであろう。そのため，実施の際には単に絵本を持ち帰ってもらうだけの渡し方はしないように徹底し，必ず保護者らに対しての積極的な対話を重要視している。つまり絵本を無料配布することが目的なのではなく，それによって図書館が保護者に積極的にかかわるきっかけを得ることを目的としている。絵本を無料で配布するというのは，そのための一つの手段にすぎず，その場で保護者らから育児の相談を受けたり，この先いつでも図書館に来館してほしいというメッセージを伝えたりするなど，絵本を読み聞かせたその後のフォローこそが重要なのである。

以上のような活動からは，ブックスタートは良いことずくめの事業のような印象を受けるが，しかし問題点として，予算面の厳しさが指摘される。たとえ

ば現状では，実施にあたってボランティアの力に頼らざるをえず，行政側ですべてをまかなうことは不可能である。活動を続けるにあたっての資金の不足は，今後も慢性的な問題として残ってしまうだろう。

また，そのように多額の予算を必要とする事業である以上，ブックスタートがどの程度効果的なものなのかの検証も必要である。たとえばブックスタート発祥の地であるイギリスにおける追跡調査では，家庭における本への意識を高める，親が子どもとの本の時間の楽しみ方をよく知っている，子どもの言語面や計数面双方の思考能力の発達に影響を与えるなど，保護者らと子どもたちの両者の観点からの調査報告がなされている[25]。日本においても，すでに秋田喜代美がアンケート調査をもとに，親の絵本に対する興味を喚起する，家庭での本への意識が高まる，早期に図書館へ連れていこうとする認識が強まる，などの保護者の側の意識が変わったとの報告を行っている[26]。ただし日本の場合，事業の開始からようやく6年目を迎えたばかりであるから，子どもたちの側の影響がどのようなものであるかの追調査が行われていない。日本においても，ブックスタートを体験して育った子どもたち（ブックスタート世代）がある程度大きくなったころに，それ以前の世代と比較してどれだけの効果がもたらされたのか，はたして予算に見合った成果が得られているのかについて，さらなる検証がなされるべきであろう。

第3節　地域との提携

学校や家庭以外にも，子どもたちは地域のなかに点在する読書環境を利用することができる。その代表的な施設は，公共図書館の児童室だろう。

a.　公共図書館の利用

公共図書館という空間が読書環境となるためには，当然ながらそれなりの児童サービスが行われていなければならない。ひと口に児童サービスといって

も，それには直接的に児童生徒にはたらきかけるものから，間接的に影響を及ぼすものまで多様な形態が見られる。

たとえば2002年に伊藤尚典は，山東町立図書館の事例として，全図書資料の3分の1程度を児童書にする（児童書の充実化），定例お話会を実施する（館内のお話会），子供会への出張お話会（館外のお話会）などの事業を行っていることを報告している[27]。あるいは2005年に田中里枝子は，名古屋市鶴舞中央図書館の事例として，人形やおもちゃによる児童室の飾り付け（児童室に親しみを持ってもらうため），季節に合わせたテーマ展示やおすすめ本のコーナーの充実化（本の紹介を兼ね，利用者の本選びの参考に資するため），おはなし会（乳幼児を対象としたものと，年齢制限を設けないものとを使い分けている），子どもと本の講座（保護者らを対象とした子どもの本に関する講義で，児童サービス担当司書が行う場合と，外部から講師を招聘する場合がある），ブックリストの作成（年齢別，目的別に作成し，保護者らの本選びや，学校図書館の蔵書構築の参考にしてもらう）などのサービスを紹介している[28]。

このような事例を参考にしてみれば，児童生徒に公共図書館の利用を促進させる方法には，以下のように大きく4種類の側面から考えていくことができるだろう。

(1) 所蔵資料を整備すること。
　例①：質量ともに，児童書の所蔵そのものの充実化をはかる。
　例②：目録を作成し，児童書の所蔵情報を館外の機関や保護者らに広く公開する。
(2) 児童室を整備すること。
　例①：室内の飾り付けを，子どもたちに馴染みやすいようにする。
　例②：テーマに合わせた展示や，コーナー別の排架を行う。
(3) 子どもたちに対して対面サービスを行うこと。
　例①：図書館内において，定期的に読書イベントを催す。
　例②：図書館外の子供会などに出張し，読書イベントに参加する。

(4) 保護者らに対して対面サービスを行うこと。
　例①：子どもと本に関する講座を開き，保護者らの理解を促す。
　例②：ブックスタートによって新たな利用者を得る。
　以上のように児童サービスは，(1)や(2)のように間接的に影響するものか，(3)や(4)のように直接的に利用者に働きかけるものかの違いはあるが，いずれも「いかにして児童書を手にとってもらうか」，「いかにして図書館に足を運んでもらうか」を念頭に生み出された創意工夫の成果であるといえる。
　ただし中多泰子は2002年に，現在の公共図書館における児童サービスの問題点として，①図書館未設置町村が多い，②設置自治体間の格差，③児童サービス担当者の激減，④財政難による資料費削減，⑤施設の老朽化にともなう統廃合，といった5点を示している[29]。これらの指摘はいずれも，行政面の対応の遅れや予算面での厳しさが目立つ内容ばかりであるが，公共図書館が子どもたちの利用に供し，読書環境としての役割を果たすことをめざそうとするならば，こういった児童サービスの後退を食いとめるべく，法制度の改善や行政側の理解を促していかねばならないだろう。

b. 学校図書館と公共図書館の連携

　学校図書館と公共図書館とが連携する方法には，さまざまな形態が考えられるが，たとえば山下栄は1949年に，学校図書館への資料の貸出，図書目録の配布，図書整理の共通（学校図書館における日本十進分類法，日本目録規則の採用）などを示している[30]。同様に柳原周は2003年に，公共図書館の児童サービス担当職員と学校図書館の担当教員らが定期的に懇談会を開くこと，調べ学習のために資料の団体貸出を行うこと，出張によるお話会を開くこと，移動図書館の学校訪問，授業の一環としての公共図書館訪問や利用ガイダンスの実施を行うこと，調べ学習の事前連絡（課題のテーマを事前に公共図書館に伝えておくことによって，公共図書館があらかじめレファレンスに対応できる態勢を整えられるようにすること）などをあげている[31]。

あるいはまた，1994 年に井上英子が三国町立図書館を事例として，町内の小中学校と公共図書館とのオンライン化の事例を報告しているように，図書館ネットワークシステムの構築という側面も見逃せない[32]。これによって双方の資料の貸出予約もネットワーク端末から行うことが可能となり，自治体内の図書館が，あたかもひとつの図書館であるかのような働きができるようになる。さらに 2002 年に参納哲郎が指摘した連携による成果としては，実際に児童生徒や教諭から学校図書館や公共図書館に寄せられたレファレンスを，双方の司書がその処理内容と傾向を情報交換し，後にレファレンス事例集を発行するという形で情報の共有化をはかるというものもある[33]。その他，学校図書館が購入した資料の分類・装備を公共図書館が代行して請け負うことや[34]，児童生徒や教師に対して図書の修理製本の技術指導を行うなど[35]，実務レベルでの協力体制もみられる。

　以上の意見を踏まえながら，学校図書館と公共図書館の連携によってもたらされる効果をまとめてみると，以下のように大きく 5 種類の傾向に分けて考えることができるだろう。

(1) 資料の活用を促す。
　　例①：相互貸借・団体貸出による図書館間の蔵書の移動。
　　例②：移動図書館による貸出し機会の増加。
(2) 児童生徒の公共図書館利用を促す。
　　例①：授業の一環としての，公共図書館利用体験の催し。
　　例②：調べ学習解決のための公共図書館への来館。
(3) 司書・教師の交流を促す。
　　例①：定期的な懇談会・研究会による学校図書館と公共図書館との相互研鑽。
　　例②：学校側が出した課題を，あらかじめ公共図書館側に事前に伝えておくことによる，レファレンス対応のスムーズ化。
(4) 相互の情報提供を促す。

例①：新着図書案内，催し物の案内などのパンフレットの配布による情報
　　　　提供。
　　例②：過去のレファレンス事例の蓄積と回答内容の相互提供。
　(5)　図書館システムやサービス方法の交流を促す。
　　例①：学校図書館の資料に対する日本十進分類法や日本目録規則の適用に
　　　　よる，図書整理方法の統一。
　　例②：オンライン化による相互情報共有。
　　例③：学校図書館の資料についての，公共図書館による分類・装備の請負
　　　　代行。

　以上の(2)(3)のように，児童生徒と彼らにかかわる大人たちが直接触れ合いながら連携する形から，(1)(4)(5)のように，情報提供のインフラ整備やサービスの向上をめざし，利用者となる子どもたちから見えにくい部分において効力を発揮する連携まで，多様な形態が見受けられる。

　ただし，こういった学校図書館と公共図書館とが連携することの課題としては，たとえば野村充が，①学校図書館に専門の司書がいないために，連携による新しい仕事に対応できない（学校図書館側の人手不足），②公共図書館の日常業務の多さ，対象となる学校数の多さから，現状を超える行事に力を貸すことができない（公共図書館側の人手不足），③お互いが距離的に離れているため，職員同士が会う機会が少なく，児童生徒も公共図書館に足を運びにくい（物理的距離の制約），④双方とも担当者が変わることがあるため，それに伴って連絡が取りにくくなる（人事制度の弊害），などの問題点を指摘している[36]。子どもたちに対する連携の効果は大きいため，こういった取り組みがより発展していくことが理想的だが，その実施には大きな困難をともなうというのが実情のようである。

第4節　読書環境に求められるもの

　秋田喜代美は，ブックスタート事業が行われることで，大人の側に意識と行動の変化が生まれることに言及したうえで，次のようにまとめている[37]。

　　「これまでの読書教育では子どもを対象とした直接的な教育環境づくりが唱えられることが多かったのではないだろうか。しかし，共に読むこと，本への意識を一般の教師や親に対しても高めること，地域として本の文化を提供するコミュニティを形成することが，これからの読書教育には求められるだろう。そのためには，子どもにとっての読書の大切さを知識としてその人たちに伝えるのではなく，子どもと共に行う活動を通して体験し学ぶことができる企画と場が必要である。」

　あるいは中多泰子は，公共図書館における児童サービスの低下や，子どもの読書活動推進に関する法律の不備を指摘したうえで，以下のように述べている[38]。

　　「子どもの読書は，身近な親や保護者，児童図書館員，保育士や教師など子どもにかかわる人々の働きかけで，本の楽しさ，読書の喜びを感じ，読書への意欲が自然に生まれ，根づいていくものである。すべての子どもたちが喜びを与えてくれる楽しい本と出会えるように，公共図書館，学校図書館，幼稚園や保育園の園文庫，児童館の図書室など，読書環境を整備する必要がある。」

　第1節の冒頭に引用した山崎翠の指摘にも似たような内容が記されていたが，この三者に共通した認識は，児童生徒の読書環境というものは，常に私た

ち大人が考えなければならない問題であり，子どもたちが楽しく本を読むことができる空間を，いかに創出していくのかを問うている。読書環境の整備には，法制度，行政，経済状況，社会状況など，考慮すべき問題点は多いが，それを解決する役目は，私たちひとりひとりの大人が担わねばならない。現在は，そういった読書環境の整備が読書を通した子どもたちの成長にとっていかに重要なものなのか，それをしっかりと考察できるようにするための，大人たちの意識改革が求められているといえるだろう。　　　　　　　【岡野　裕行】

注
1) 山崎翠「子どものための読書環境づくりを："図書館離れ"の中で，図書館員に望む」『図書館雑誌』第83巻第11号，1989年，pp.726-729.
2) 同上
3) 小林桂三郎，佐藤親弘ほか「〈座談会　読書環境をめぐって〉現代の中学生は，こう読み，考える」『学校図書館』通号349号，1979年，pp.41-48.
4) 同上
5) 滑川道夫「文芸的読書指導観」『現代の読書指導』（明治図書，1976年）pp.110-113.
6) 森久保仙太郎「家庭での読書指導はどうしたらよいか」『学校図書館』通号93号，1958年，pp.8-11.
7) 松尾弥太郎「家庭読書をすすめる運動」『学校図書館』通号171号，1965年，pp.8-11.
8) 西岡賛平「子供の読書環境としての貸本屋」『図書館雑誌』第50巻第5号，1956年，pp.12-14, 27.
9) 丸山明子ほか「《座談会》家庭での読書をめぐって」『学校図書館』通号93号，1958年，pp.12-20.
10) 木原健太郎「映像文化と子どもの読書」『学校図書館』通号188号，1966年，pp.15-20.
11) 今村秀夫「読書環境と読書問題の変遷：子どもをめぐる30年」『学校図書館』通号415号，1985年，pp.19-23.
12) 浜田重幸「〈小特集：読書環境はどう変わるか〉毎日新聞の読書世論調査」『図書館雑誌』第93巻第10号，1999年，pp.843-845.
13) 椋鳩十「母と子の二十分間読書」『学校図書館』通号132号，1961年，pp.24-26.

14) 椋鳩十「母と子の20分間読書」『図書館界』第14巻第6号，1963年，pp.177-182.
15) 椋鳩十「環境と心と」『学校図書館』通号347号，1979年．pp.9-12.
16) 前掲書7)
17) 前掲書14)
18) 清水達郎「運動が直面した問題点」『親子読書運動：その理念とあゆみ』（国土社，1987年）pp.69-75.
19) 前掲書7)
20) 前掲書18)
21) 山口重直「家庭読書のすすめ」『学校図書館』通号358号，1980年，pp.9-12.
22) 前掲書15)
23) 前掲書18)
24) 早川元三「家庭における読書指導のあり方」『学校図書館』通号132号，1961年，pp.8-11.
25) 佐藤いづみ「ブックスタート：①赤ちゃんと本で楽しいひとときを」『こどもの本』第27巻第2号，2001年，pp.47-50.
26) 秋田喜代美「ブックスタート パイロットスタディ 4ヶ月児調査結果概要」『第1回 ブックスタート全国大会：本のひととき 赤ちゃんといっしょ』（特定非営利活動法人ブックスタート支援センター，2002年）pp.24-29.
27) 伊藤尚典「〈特集・家庭・地域における読書推進活動〉公共図書館における読書推進活動」『学校図書館』通号622号，2002年，pp.20-22.
28) 田中里枝子「公共図書館から見た子どもの読書：名古屋市鶴舞中央図書館の事例から」『図書館界』第56巻第6号，2005年，pp.368-371.
29) 中多泰子「〈特集・家庭・地域における読書推進活動〉公共図書館と児童サービスの現状」『学校図書館』通号622号，2002年，pp.25-27.
30) 山下栄「学校図書館と公共図書館の協力」『図書館界』第3号，1949年，pp.98-102.
31) 柳原周「〈特集・公共図書館との連携を探る〉学校・地域・公共図書館の交流でサービス向上を図る」『学校図書館』通号633号，2003年，pp.29-33.
32) 井上英子「学校図書館と公共図書館をコンピューターでつなぐ：福井県・三国町」『学校図書館』通号519号，1994年，pp.52-55.
33) 参納哲郎「〈地域との連携・協働を図る〉公共図書館と学校図書館の連携：富山県小杉町民図書館」『学校図書館』通号615号，2002年，pp.30-33.
34) 松尾知美「高槻町立図書館の学校との連携」『こどもの図書館』第51巻第11号，2004年，pp.5-7.

35) 市川徹「公共図書館と児童・生徒:小田原市における学校図書館とのつながりを中心にして」『学校図書館』通号110号, 1959年, pp.17-21.
36) 野村充「公共図書館と学校図書館の連携(2):神奈川県図書館協会の実態調査から」『学校図書館』通号485号, 1991年, pp.42-45.
37) 秋田喜代美「〈21世紀学校図書館への視座〉つながりあうプロジェクト型読書環境へ」『学校図書館』通号606号, 2001年, pp.19-22.
38) 前掲書29)

第10章　読書と「生涯学習」

第1節　生活・読書・「豊かな人間性」

　人が人であるために必要なものとして「ことば」がある──誤解されないようにいっておけば，この「ことば」には手話などのボディー・ランゲイジなどのあらゆる「伝達」手段も含む──。そして，人はその「ことば」を社会生活を積み重ねることによっても獲得するが，多くの場合「書・本を読むこと＝読書」によってその「ことば」の世界を深化・拡大する。そうすることによって，自分とは異なる他者との関係をよりよいものにするのである。その意味では，人と人の関係の基底に「ことば」があり，したがって人の生活と「読書」とは切っても切れない関係にある，というのもあながち間違いではない。「ことば」の獲得を怠ったとき何が起こるか，最近頻繁に起こっている若者たちによる「理不尽」としか思えない暴力事件や殺人事件も，「ことば」の獲得をどこかで阻害された者の鬱屈心が暴発した結果，と考えられるのではないか。「表現＝ことば」の方法を知らない（獲得できなかった）者が，どうやって自分の思いを他者に伝えることができるのか。そんな思いが誰にもあるがゆえに，人は幼児期から「ことば」の大切さを学習し，最期の時までそれを止めず，誰もが「読書」の重要性を否定しないのである。

　とはいえ，現実はこの本の冒頭で記したように，中学生のころから多くの人が急速に「不読」状態におちいり，そのまま最期まで「書」や「本」とは無縁な生活を送るということが決して少なくないのである。書や本を読まなくて

も，人はこの世の中で生きていけるからである。それゆえ，「不読者」が大量に生まれる原因を苛烈な学歴社会が生み出した過度な受験競争に求めるのも，また情報化社会＝インターネット時代における「情報」が，ネットを通して誰にも開示されているので，「書・本」を必要としなくなったというのも，たしかにそのような側面も考えられなくはないが，安易すぎる皮相な見方といわなければならない。誤解を恐れずにいえば，根源的には共同体の解体や家族の崩壊が象徴しているように，この社会のあり方が根本から「転換」していることに無自覚なまま，私たち大人がヒューマニズム（デモクラシー思想）と個人主義を土台とする「近代」の価値観を護持しながら，読書＝書や本を読むことの大切さを子どもたちに伝えようとしている点に，その主因はあるといえるのではないだろうか。

　換言すれば，現代を象徴する「金儲け」こそ至上の価値観だとする言説や風潮に対抗する「新しい」読書論をどのように構築するか，そこにすべてはかかっているということである。しかし，そのような時代の要請に応える読書論や読書指導論は，残念ながらほとんど無いのが現状である。たしかに，図書館の書架の一角を占める読書論のなかには，「私はこのように書や本を読んできた」という体験をもとにした，聞くべき内容をもったものが少なからず存在する。ところが，読書教育や学校図書館，読書指導法の類になると，途端に読書の目的は「感動」を得ることにある，あるいは読書こそ「豊かな人間性」を涵養する最大の方法である，さらにはこのような方法を駆使すれば子どもを本好き・読書好きにすることができる，というような「童心主義」的な言説が主流を占め，この時代に適応した「新しい」読書論に出会うことはない。

　何よりも，なぜ人の生活に「感動」が必要なのか，そもそも「豊かな人間性」とは何か，そして何のために読書好き・本好きな子どもにする必要があるのか，といった根源的な問いが，現在の読書論や読書指導論には欠如しているのである。この本の第1章で，読書行為が最終的にめざすものは「他者との共生」という思想の獲得である，と「試論」的に提言したのも，「何のために読書が必

要なのか」という根源的な議論を引き出したいと思った結果にほかならない。「何のために」という根源的な問いがないところで，いくら「本を読まない子どもは"生きる力"が弱い」とか「子どもが本を読まない国に，未来はない」（ともに七田眞・濤川栄太『子どもを本好きにさせる本』）といわれても，それでは本さえ読ませればいいのか，本を読ませればこの世の中は良くなるのか，という反論に応えることができないのではないかと思う。

　この根源的問いがないという点では，「読書推進活動」として，「朝の10分間読書運動」や「読み聞かせ」，「読書ゆうびん」，「読書感想画・読書感想文」などとともに，「読書競争」を取り上げている笠原良郎（『読書の楽しさを伝えよう』）も同じである。笠原は，ここ数年（記憶によれば，ずっと前から行われていたと思うが）各地で盛んになった「読書競争」について，「子どもの競争心に訴え，ただ読書量を増やすというだけに活動が終始してしまわないよう留意することが大切です。多くの子どものなかには，読書量を増やすために，むやみに図書館から本を借り出すことに走ってしまう子どももでてきます」と，その「危険性」を正確に指摘しながら，この運動も「読書の質的な向上や読書が本来持つ本質的な作品理解を図る」ものでなければならない，といっている。一見「正論」のように見えるが，「読書の質的な向上」とは何か，「本質的な作品理解」とは何か，なぜそのようなことが必要なのか，というような問いを発した場合，笠原はその問いに応えることができるのか，はなはだ疑問である。

　苦い思い出がある。かつての教え子で，明朗快活かつクラスで一番の読書量を誇っていたA子が，ある日突然「引き籠もり」になってしまい，もう数十年経つというのにいまだにその状態は改善されず，年老いた両親とともに現実社会と隔絶した生活を送っている，という事例である。なぜ彼女は「引き籠もり」になってしまったのか，いまだに直接の原因は分からない。しかし，彼女が引き籠もるようになった原因の一部にその「豊富」だった読書があったのではないか，という疑念を拭い去ることができないのである。若かった私は，「何のために」を考えさせることなく，ただ彼女の読書量が増えていくことを彼女

とともに喜びとしていたのである。このような事例は，特殊かもしれない。しかし，「共に生きていく」という思想の獲得をめざさない読書が，途中で「不読者」を増やし，またこの事例のような「悲劇」を生み出してしまうことを，指導者は努々(ゆめゆめ)忘れてはならないのではないか。

　さらにもう一つ。時々「婦人学級」とか公民館の「読書クラブ」に招かれて，「文学講座」などを行うことがあるのだが，そこで共通して知らされるのは，よほどの読書好き・文学好きな人たちであっても，書かれた「ことば」や「事実」を正確に読み取っていない，あるいはその作品の背後にある「歴史」についてほとんど知らない，ということである。先日も，「暑い8月」に因んで，「戦争文学」と「ヒロシマ・ナガサキの文学（原爆文学）」について話す機会があったのだが，新聞やテレビといったマス・メディアがあれほど年中行事のように先のアジア・太平洋戦争（15年戦争・第2次世界大戦）や「ヒロシマ・ナガサキ」について報じていながら，聴衆のほとんどが先の大戦における日本人の戦死者数は元より，アジア全域や中国大陸でどれほどの人間が犠牲になったのか，「ヒロシマ・ナガサキ」の犠牲者数は何人なのか，そこから生き残った「被爆者」は現在何人存在するのか，について知らなかった。この「事実」に対する「無知」は，どこから生じているのか。彼らは「書」や「本」を，あるいは「情報」をどのように読んでいるのか。これは，「ことば」が蔑ろ(ないがし)にされている一つの証(あかし)ではないのか。

第2節　「生涯学習」と「学校図書館」

　最近「リテラシー」という言葉をよく聞く。本来は，移民（多民族）国家であるアメリカにおいて，「国語」である英語の基礎となる「読み書き能力」を身につけさせるために使われるようになった言葉であったが，次第に意味が拡大してきて「ある分野に関する知識」を指す言葉になったものである。そのリテラシーが，読書や読書指導についても使われるようになっている。曰(いわ)く「子ど

もたちは学校において基本的なリテラシーは身につけている，だからその能力を大人になっても持続できるような読書指導を行うべきだ」，また曰く「生涯学習における読書は，リテラシーを兼ねる」，等々である。しかし，ここでも疑問に思うのは，生涯学習（大人）社会における読書（リテラシー）についても，学校図書館（司書教諭）が子どもに対するのと同じように，その基本は「面白い本を提供すること」にあるとしながら，その「面白い本」とは何か，を問うていないことである。子どもも大人も同じであるが，時には「面白くない本」も読まなければならず，経験的にいえば「面白くない本」の膨大な蓄積のうえに，ようやく「面白い本」に出会うというのが現実だと思うが，そのことに対して読書や読書指導に関する言説は一顧だにしていない。

　たとえば，「面白い本」ということについて，もうしばらく前から気になって仕方のないことの一つに，新幹線などに何時間か乗り，終着駅に到着したとき，車内に週刊誌（漫画誌も含む）や新聞とともに，文庫や新書などが何冊か放置されているということがある。家に持ち帰って再読する，あるいは家族や友人に紹介するに値しない本なのかも知れないが，でも買って何時間かを使って読み終えたという意味では，購入した人にしてみれば「面白い本」だったのだろう。しかし，その本は自分の「蔵書」の列に加えるに値しない，捨てても惜しくないものであった。要するに，その本は漫画誌や週刊誌，新聞と同じように「時間つぶし」のために購入され読まれたものだったのだと思われる。書や本には，そのような「娯楽」を目的として書かれたものもあり，皮相的ではあるが，その点で「面白い本」もあるのである。

　ことほど左様に，「面白い」とか「面白くない」とかいう感情には個人差があり，読者の置かれた状況によって左右される幅広い感覚である。それゆえ，読書は「面白い」とか「面白くない」とかの感覚的なレベルを超えて，「ことば」を読み，「知」を獲得し，それらを基にした「想像力」を駆使してよりよき他者との関係を構築する，つまり「他者との共生」を意図するものでなければならない，と考えられる所以（ゆえん）である。第1章で取り上げた朝比奈大作は，

『読書と豊かな人間性』の「第6章 生涯学習への読書」のなかで，学校図書館（司書教諭）のできることは，将来にわたって子どもたちが「読書を楽しむ」ための「選択能力」を身につけさせることで，そのためにはあらかじめ「よい本」とか「悪い本」とか決めつけることなく子どもたちに本を提供すべきであり，それは子どもたちが一個の人間として「批判能力・討論能力」を身につけ，「民主主義社会」の一員としての役割を果たすために必要不可欠なものである，と至極真っ当なことを述べながら，またしても結論的に「一度でも心の底から『面白かった』と思える本に出会えたならば，子どもたちは読書の魅力にとりつかれ，読書好きになるのに違いないのである」（傍点黒古），といっている。また，「日本の子どもたちは基本的なリテラシーは持っているのだから，「こんな面白そうな本があるよ」と目の前に差し出してやれば，それが最大の読書指導になる」ともいっている。これでは，「面白い（面白そう）」とか「面白くない（面白くなさそう）」の判断が司書教諭（学校図書館）に全面的に委ねられることになってしまう。

　たしかに，現実的には学校図書館がそのような恣意性によって運営され，それはそれで魅力的な学校図書館になる一因なのだろうが，やはりそこに備えられるべき図書は，「面白い」「面白くない」というような感覚を基準とするのではなく，多くの公共図書館や大学図書館がそうしているように，「必要か」「不必要か」を基準とすべきなのではないか。そうでないと，学校という教育の場を離れた後の読書，つまり生涯学習という観点からの読書と子どもへの読書指導とが繋がらないことになってしまう。具体的にいえば，老後の時間を読書に費やすということを除いて，社会人の読書は，職業上必要とする読書と，先の新幹線での体験例が象徴するような「娯楽・時間つぶし」の読書と，ごく少数の「教養を高める」ための読書，というような3つの方向に分かれる。だが，そのような大人の読書と子ども時代の読書とをどのように繋げていくか，その具体的方法がはたして発見されているか。答えは，否である。ただいえるのは，公共図書館は，歴史的にも現在でもそのような社会人のニーズに応える施設に

なっており、その意味では、多くのことを、とくに「選書」や「読書相談」などについて、学校図書館（司書教諭）は公共図書館から学ぶべきことがらがたくさんあり、両者の物心両面にわたる連携を深めることによって打開の方法が見つかるのではないか、ということである。

第3節 「生涯学習」と読書情報

現在、日本には4200社余りの出版社があり、年間の書籍出版点数は6万2000点ほど、雑誌は4500種類ほどが発行され、この数はここ何年かほとんど変わっていない。出版全体の売り上げも、2.7兆円前後で推移し、急激な増減はない。書籍＝書や本の出版点数だけを考えても、年間にこれほど膨大な数に上る。すべてが「よい本」「推奨すべき本」＝「面白い本」であるわけがない。編集委員として一緒に『日本の原爆文学』（全15巻 ほるぷ出版、1983年）の企画を版元に持ち込んだ際、大江健三郎が版元の社長に「この手の全集が3000部売れれば、日本人の良心を信用する」旨の発言を行ったのを鮮明に記憶しているが、何百万部、何十万部と売れるベストセラーは別にして、6万2000点に上る書籍の大半は、2000部から3000部というのが普通である。詩集などに至っては、数百部というのが常識になっている。そのように決して多くない部数の出版物が、日々生産されているのである。この「情報＝書籍」洪水の状況下で、ではどのような書や本を図書館は子どもに、あるいは住民に対してニーズに応じた「本・書」の提供ができるのか。「選書」に携わる司書教諭や司書の「読書力＝鑑賞力・批評眼」がまず問われるのはいうまでもないが、書や本、雑誌に対する情報、具体的にいえば出版社が出しているPR誌の出版情報は元より、『出版ニュース』などの出版情報、SLBC、TRC等の情報、あるいは書評紙誌、日刊新聞をはじめとする各種の書評などにできるだけ目を通して、利用者のニーズに応えた「選書」を行う以外に方法がないのではないか、と思う。出版情報（書評や本の紹介）のなかには、自社の「営利」だけを追求したものも

あるから，それを鵜呑みにしてはいけないが，できるだけ「客観的」にそれらの出版情報を読み解く力，それこそが司書や司書教諭に求められていることなのではないか。

　思うに，現在における読書問題，読書指導に関する諸問題，ひいては学校図書館，公共図書館，大学図書館が直面している問題の根っ子は，まさにこの情報洪水下における「選書」行為が十分にできない点にある，といっていいのではないか。たしかに図書購入費の削減，行財政改革のあおりを受けた専門職員（司書職）の減少，そして多忙さ故の「自己研鑽」時間の無さ＝思うままに「選書」ができない状況，等々，図書館（学校図書館）がかかえる問題はそれぞれ深刻である。しかし，それらの問題を図書館（学校図書館）にかかわる人たちがひとつひとつ地道に解決していかないと，どうにもならない状況にあるのではないか。そして，それらの問題は一人の人間の「努力」によって改善されるような性質のものではない。夢想を承知でいえば，地域や学校現場の全体を巻き込むような斬新かつ大胆な発想による改善を試みること，それこそ地域や職場に開かれた「生涯学習」になるのではないか。

　その意味で，現在司書や司書教諭のできることは，そのように根本的な問題が解決されていない現状を深く認識し，そして限界を知りつつ，利用者が「必要」と考えるであろう書や本を学校図書館や公共図書館に備える以外にない，と覚悟することである。そこからしか読書指導も，生涯学習における読書も始まらないのではないか，と思う。したがって，「豊かな人間性」も，そのような覚悟があって初めて生まれるのだろう，と思う。　　　　　【黒古　一夫】

索　引

DAISY　98, 102
OECD　40
SLBC　22, 181
TRC　22, 181

あ

『赤い鳥』　16
赤木かん子　143
秋田喜代美　132, 165, 170
悪書　119
アサドク　127
朝の10分間読書　62
朝の読書　127
　——推進協議会　127
　——のルール　127
朝比奈大作　26, 179
アニマシオン　24, 57, 63, 64, 150
飯干陽　53
板倉聖宣　81
伊藤尚典　166
井上英子　168
今村秀夫　61, 158
「岩波少年文庫」　54
ヴェルヌ　15
エステル文化協会　151
絵本　140
エリクソン（Erikson, E. H.）　85
演劇部　135
大江健三郎　9, 181
大塚笑子　127
音韻認識　101

か

『かいじゅうたちのいるところ』　112
『海底探検二萬里』　15
科学読み物　141
学習障害児　101
笠川昭治　144
笠原良郎　177
仮説実験授業　81
片岡徳雄　26
片村恒雄　126

学校教育法　46
　——施行規則　82
学校読書調査　50, 95
『学校図書館』　54
『学校図書館基本図書目録』　54
学校図書館整備の5か年計画　36
学校図書館図書5か年計画　34
学校図書館図書標準　34, 35
「学校図書館の手引き」　54
学校図書館ブッククラブ　22
学校図書館法　34, 54
学校図書調査　17
加藤理　52
紙芝居　144
カリキュラム　82
カレントアウェアネスサービス　110
眼高手低　20
木原健太郎　158
義務教育学校における学校評価ガイドライン　107
9歳の壁　99
教育課程　82
行政計画　39, 40
倉沢栄吉　60
言語力　42, 43, 45, 46
憲法14条　37
皇民化教育　12
国語力　45, 46
国際子ども図書館　36
国際子ども文化基金　36
国際読字障害協会　102
国姓爺合戦　31
『古事記』　10
子ども読書年　36
子ども読書の日　38
子どもの読書活動推進基本計画　38
子どもの読書活動の推進に関する基本的な計画　38
子どもの読書活動の推進に関する法律　21, 36, 37
子どもの読書推進法　21, 23
子どもゆめ基金　36

183

小林桂三郎　157
娯楽的読書行為　41
コルウェル（Colwell, E.）　146

さ

酒鬼薔薇聖斗　16
阪本一郎　49, 54, 86, 88, 89, 90
『サザエさん』　143
佐藤親弘　157
サルト（Sarto, M. M.）　57, 63, 150
三光作戦　12
山東町立図書館　166
視覚障害児　98
司書教諭　21
児童書　137
児童書向け出版物の分類　137
児童の権利に関する条約　45
児童文学　139
清水達郎　161
『市民の図書館』　55
写真絵本　140
集団読書　116
『出版指標年報』　142
『小学校・中学校における読書活動とその指導』　60
『小公子』　15
東海林典子　133
『少女の友』　157
『少年倶楽部』　54, 157
『シングル・セル』　12
鈴木智恵子　142
ストーリーテリング　146
青少年読書感想文コンクール　56, 129
青少年の健全な育成に関する条例施行規則　119
生徒の学習到達度調査　40
全国青少年読書感想文コンクール　18, 19
卒業文集　131

た

台湾外記　31
『竹取物語』　14
田近洵一　61
田中克彦　8
田中里枝子　166
知覚障害児　100

近松門左衛門　31
知識の本　141
『ちび黒サンボ』　15
地方自治法　39
聴覚障害児　99
調査研究的読書行為　41
チョムスキー（Chomsky, A. N.）　8
塚本明美　142
綴り方教育　19
鶴岡市立朝暘第一小学校　111
鄭芝龍　31
鄭成功　31
手作り紙芝居コンクール　145
『てぶくろ』　112
点字　98
童心主義　16, 176
東葉高校　127
遠山敦子　62
読書　7
読書活動　123
読書環境　155
読書競争　177
読書興味の発達段階　91
読書興味を決定する要因　88
読書記録　114
読書クラブ　135
読書コミュニティ　105, 132
読書指導　17, 49, 58, 82, 106, 128
読書遅滞児　97
読書能力　86, 88
　――の発達段階　89, 90
　――問題児　97
読書不振児　97
独立行政法人国立オリンピック記念青少年総合センター法　36
独立行政法人国立青少年教育振興機構法　37
図書委員会活動　132, 133
図書館だより　111
図書館法　47
図書館流通センター　22

な

中多泰子　167, 170
名古屋市鶴舞中央図書館　166
七田眞　25
濤川栄太　25

滑川道夫　49, 157
西岡賛平　158
「日本古典文学大系」　109
『日本書紀』　10
『日本の原爆文学』　181
根本正義　54
野村充　169

は

ハヴィガースト（Havighurst, R. J.）　85, 86, 87, 90
芭蕉　109
「はだしのゲン」　143
発達段階　85
母と子の20分間読書　55, 59, 161
浜田重幸　158
早川元三　162, 163
林公　127
『はらぺこあおむし』　112
「ハリーポッター」　138
ピアジェ（Piajet, J.）　85
『火の鳥』　143
ブックスタート　36, 141, 162, 164, 165, 170
ブックトーク　149
不適切な図書の条件　120
船橋学園女子高校　127
ブライユ（Braille, L.）　68
『ブラックジャック』　143
フロイト（Freud, S.）　85
文化芸術振興法　44
文芸部　135
ペープサート　92

ま

牧野正博　71
間崎ルリ子　146
増田信一　88
増田みず子　12
増村王子　60
増山均　56
松岡享子　56, 146
松尾弥太郎　157, 161
丸山明子　158
マンガ　94, 142
三国町立図書館　168
南方熊楠　11
椋鳩十　55, 159, 160
文字・活字文化振興法　40, 43, 44
文字・活字文化の日　44
森久保仙太郎　157

や

柳原周　167
山口重直　161, 162
山﨑翠　155, 170
山下栄　167
ヤングアダルト　96
吉村証子　142
読み聞かせ　147, 148
『読み聞かせこの素晴らしい世界』　127

ら

リテラシー　178
良書　119
レフェラルサービス　110

監 修

山本　順一　筑波大学教授
二村　　健　明星大学教授

編著者

黒古　一夫（くろこ・かずお）
　法政大学大学院人文科学研究科（日本文学専攻）博士課程単位修得満期退学。現在，筑波大学大学院教授。
　主な著書に『北村透谷論－天空への渇望』（冬樹社），『大江健三郎論－「森」の思想と逝き方の原理』（彩流社），『灰谷健次郎論－その「文学」と「優しさ」の陥穽』（河出書房新社）など。

山本　順一（やまもと・じゅんいち）
　早稲田大学大学院政治学研究科博士課程単位取得満期退学。図書館情報大学大学院修士課程修了。現在，筑波大学大学院教授。
　主な著書に『電子時代の著作権』（勉誠出版），『図書館情報学』（共著，有斐閣），『アメリカ図書館法』（翻訳，日本図書館協会）など。

［メディア専門職養成シリーズ 4］
読書と豊かな人間性

2007年3月31日　第1版第1刷発行	監　修	山本　順一
2011年3月30日　第1版第2刷発行		二村　　健
	編著者	黒古　一夫
		山本　順一

発行者　田中　千津子
発行所　株式会社　学文社
〒153-0064　東京都目黒区下目黒 3-6-1
電話　03（3715）1501 ㈹
FAX　03（3715）2012
http://www.gakubunsha.com

印刷　新灯印刷
製本　島崎製本

© K. Kuroko / J. Yamamoto 2007
乱丁・落丁の場合は本社でお取替えします。
定価は売上カード，カバーに表示。

ISBN 978-4-7620-1642-4

メディア専門職養成シリーズ ［全5巻］

山本　順一 [監修]
二村　　健

各巻定価（本体 1800 円＋税）

1 学校経営と学校図書館　　山本　順一 編著

学校図書館の理念と教育的意義＊学校図書館の発展と課題＊教育行政と学校図書館＊学校図書館の経営＊司書教諭の役割＊学校図書館メディアの構築と管理＊学校図書館活動＊図書館ネットワーク

2 学校図書館メディアの構成　　緑川　信之 編

種類と特性＊構成と選択＊分類と件名＊目録と受入＊装備と排架

3 学習指導と学校図書館　　渡辺　重夫 著

教育課程の展開と学校図書館＊学校図書館メディア活用能力の育成＊メディア活用能力育成の計画＊メディア活用能力育成の展開＊学校図書館における情報サービス

4 読書と豊かな人間性　　黒古　一夫・山本　順一 編著

現代社会と読書＊読書推進行政の法制度＊読書教育の歴史＊学校教育における読書の意義＊児童生徒の発達段階と読書＊児童生徒の読書と学校図書館，司書教諭のかかわり方＊読書イベント，児童生徒の文学的諸活動＊児童生徒と読書資料＊児童生徒の読書環境＊読書と「生涯学習」

5 情報メディアの活用　　二村　　健 編著

「生きる力」の錬成と情報メディアの活用＊高度情報通信社会と人間＊インターネット時代の学校図書館＊情報メディアの活用と選択＊校内ネットワークの構築とその活用＊学校図書館における情報の検索と探索＊学校図書館と情報発信＊学校図書館メディアと著作権